京都大学こころの未来研究センター
こころの未来叢書2

愛する者は死なない

――東洋の知恵に学ぶ癒し――

カール・ベッカー　編著
駒田安紀　監訳

晃洋書房

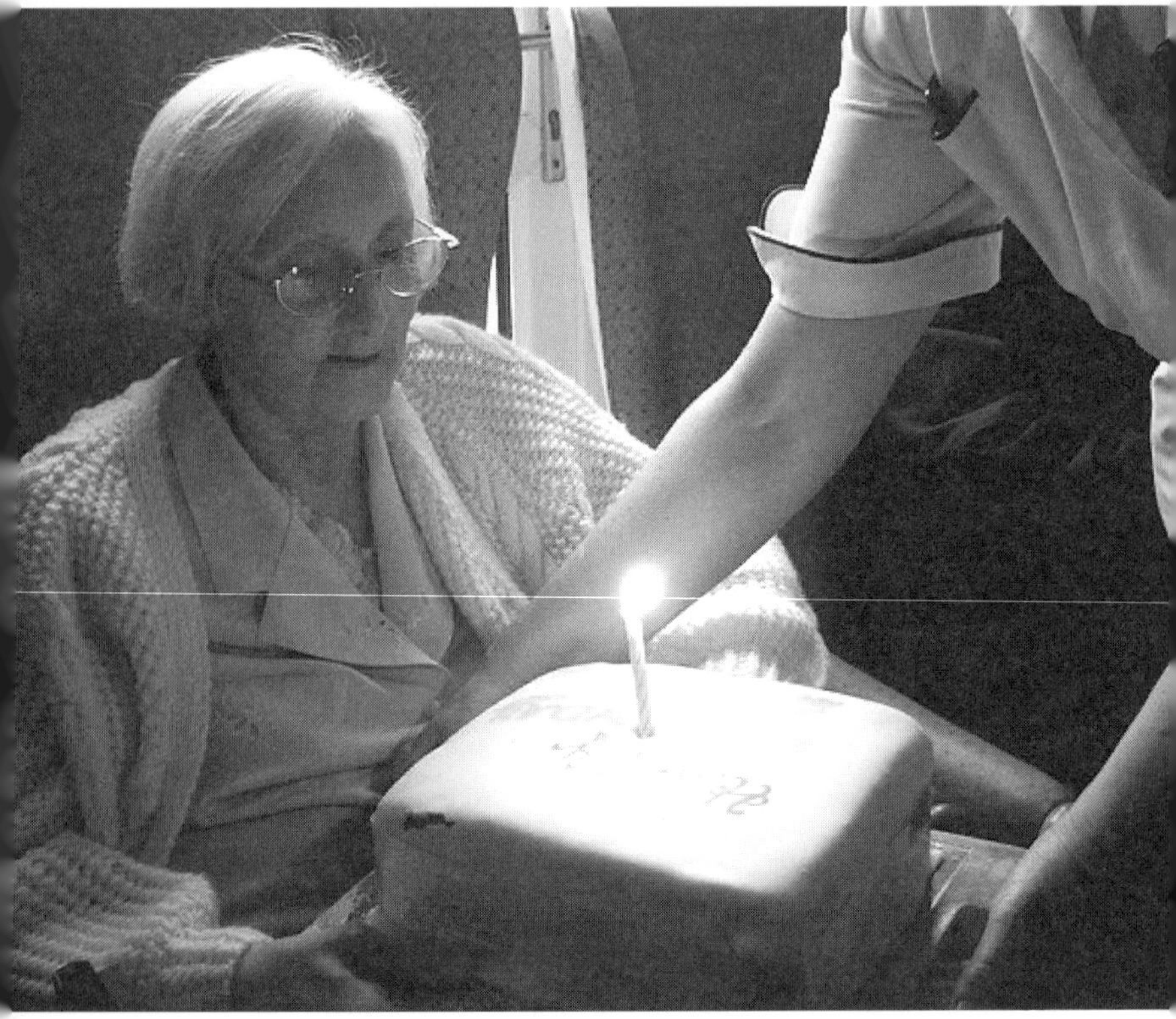

誕生日のお祝い

序文
――死を考える――

カール・ベッカー

人は、親しい人の死を、どのように受けとめるのであろうか。多くのアメリカ人は、故人が存在もしなかったかのように振る舞う。このため、故人とのつながりを感じても口に出せないアメリカ人がいると報告されている。それに対して、日本人は故人を忘れることなく、先祖供養など、故人との心の絆を大切にする。これに感銘を受けたアメリカ人の宗教心理学者デニス・クラス氏は、先祖との絆を「Continuing Bonds」（続いていく絆）理論で賛美した。そして、その理論は欧米で好評を博し、多くの欧米人の遺族の気持ちを肯定し和らげることとなった。クラス氏の論文を初めて和訳し、日本に「逆輸入」したのが、「こころの未来叢書」シリーズ一冊目の『愛する者の死とどう向き合うか』である。

続編となる本書では、クラス氏はさらにもう一歩、従来の死別悲嘆の理論に新たな見解を加える。端的に言うと、従来、死別悲嘆については、故人を早く忘れ、その記憶を消した方が良い、そして日常に死が存在しないかのように悲嘆が「治る」方が良い、と考えられてきた。これに対し、クラス氏の「続いていく絆」理論は、故人を早く忘れるよりは故人の記憶を大切にした方が良い、と言うのである（この考えは少々日本的に思われるであろうが、それは無理もなく、日本から感銘を受けた思想だからである）。そして、悲嘆は「治る」ものでもない、とまで主張するのである。もちろん、クラス氏も、日常生活や社会生活の妨げになるような悲嘆を癒そうと、長年にわたってカウンセリングやサポート・グループにおける実践に力を尽くしてきた。悲嘆が「治る」という発想には、「悲しみが消える」という意味が含まれている。クラス氏は、社会に復帰し適応できた遺族でも、「悲しみが消える」とは限らない、むしろ「悲しみが消える」ことはないのではないか、とさえ主張する。それはつまり、老荘思想や仏教思想、わび・さび思想の根源にあるように、生老病死は根本的に苦しく悲しく淋しいもの、という考え方である。悲しみをあるがままに認めて受け入れることが、悲しみが無かったかのように振る舞うよりも、目覚めた人間の姿ではないか、と言うのである。

そこで大事なのは、悲しみを「認める」ことは、悲しみに「暮れ続け」ることではない、という点である。「人生は明るいはずだ。悲しみを忘れて、楽しもう！」という、一部のアメリカ人や一部の若者に見られる短絡的な楽観主義と、「あの人に死なれたら、生きる意味がなくなる」という、ある意味で自己中心的な悲観主義との間に、道があるというのである。これは、アメリカ心理学の楽観主義が死別悲嘆の中の重要な現象を無視する傾向にあることを、改めて指摘している。つまり、「人生はけっして楽しい事ばかりではない。悲しみも人生の大事な部分である。悲しみを軽視も強調もせずに、そのまま抱え続ける生き方でも良い」というスタンスである。仏教からウィリアム・ジェイムズのような心理学者までが提唱してきたように、悲嘆を認知し人間の無力を感じた方が、より深い人生の理解につながると、クラス氏も支持する。

人生は辛い・暗い・悲しいという側面の現実を認めながら、クラス氏は「慰め」の大切さを強調している。慰めは、周囲の言葉を聴いたり静かにそばにいたり、故人の遺品を見たり手に取ったりすることからも感じられるという。悲嘆を「治そう」「癒そう」とする西洋心理学に対して、東洋的・仏教的な「慈悲」が必要である。クラス氏の論は、日本人にとって共感できる部分が多いのではないかと考える。

日本の死生観を褒め称え、西洋に紹介したクラス氏は、前回の「続いていく絆」理論では、日本人は死別悲嘆を乗り越える素晴らしい作法を持つ、とまで唱えていたが、今回は比較的控えた論を提唱している。「悲しみと慰め」という章において、死別の悲しみは簡単に「治る」「乗り越えられる」ものでもない、むしろ、遺族の悲しみに対してあくまでも「慰め」しかできないのでは、と考える。マイナス面を否定したり、忘れようとする傾向に対して、無常観やもののあはれ、寂しさをありのまま認めてほしいという、仏教的な理論である。この論は、もちろん、クラス氏自身の長年のグリーフ・カウンセリングの経験にも基づいているのである。彼は、グリーフ（死別悲嘆）の心理的・社会的・経済的な悪影響を前提として考えており、その悪影響への無関心を主張しているわけではない。だが、死別悲嘆を「治せる」と考えるのではなく、死別悲嘆を拒否もせず「乗り越える」わけでもなく、受け容れる道もある、というのである。バラ色だけではない人生の現実を直視して生きて行くという、より覚めた見方を認めているのである。

これまで、西洋由来の心理学に頼ってきた日本人は、クラス氏の論に勇気づけられるところがあると思われる。さらに広げると、死別悲嘆に関する最近の西洋の理論は、中国の死別悲嘆の体験をどこまで説明できるのであろうか。死別悲嘆についてクラス氏と同様の関心を持つセシリア・チャン氏は、世界的な理論家のみならず、実践家でもある。香港で初めて設立された死別カウンセリングセンターに積極的に携わり、また、四川大地震の時には救援隊とともに自ら被災地に入り、支援に取り組んだ。一方で研究者としても、二十数年の研究歴の中で六〇〇件以上の論文を発表してきた。チャン氏の研究は、「こころの未来叢書1」で紹介したニーマヤー氏の「意味再構築」論とクラス氏の「続いていく絆」論をベースにしている。

チャン氏が中心となり、同僚のエイミー・チョウ氏と共に行った研究の中で、東洋的な「死の理解」が注目を浴びるところである。悲しむ遺族が、死別体験の「意味」を必死に探ろうとしているのに対して、「神様の思し召し」や、「我々が罪深いから」といった、宗教的な説明はカウンセリングの中では禁句である。むしろ、お互いに答えを持たない者同士として、その虚しさと悲しさを可能な限り共有し、静かにそばにいて傾聴することが基本であると言う。

中国人の遺族も、風水・因縁・前世など、道教・仏教・民間宗教の観念を借りて意味を探ることは、興味深い。同じ中国人であるチャン氏も、これらを単なる「迷信」とは位置づけない。西洋人のように特定の「神」を信じるわけではないが、人間を越える大自然や「気」の存在を大いに認めている。

むしろ、大切な人の他界を受容するためにも、その遺族の考えに適した理解が不可欠だと言う。また、その文化的背景と知恵を受け継ぐ例として、僧侶がお経や念仏を唱えることや、遺族の話を傾聴することを含め、葬送儀礼が有益に機能すると言う。さらに、チャン氏の調査からは、遺族の多くは、故人の気配を感じたり、声を聞いたり、時には故人の夢や姿を見たりする、ということが明らかになってきた。日本でも、阪神淡路大震災や東日本大震災の後に同様の現象が報告されており、二〇一二年から東北大学の研究チームが本格的にそういった報告を東北の被災地でも収集し、調査を行っている。

これまでの精神医学では、そのような現象を全て妄想・幻覚などと考え、重要視してこなかったのだが、そういった現象を経験した者はけっして精神を病んでいるわけではない。むしろ遺族はその経験を誰かに聴いてもらってこそ、受容の道に乗り出せると、チャン氏は示唆するのである。故人の遺骨や遺品を大切に守ったり、墓地や仏壇の前に座ったりして、こころの中で故人との交流を続けることで故人との絆を大切にできる。

チャン氏の同僚、チョウ氏が中心となって発表した論文も、貴重な見解を提示している。一般的に、中国人を含むアジア人は、自分の悲しみや苦しみをあまり語りたがらない、と言われている。その前提が正しければ、死別悲嘆についても、周囲に話すよりは、黙って抱えこむ人が多い、ということになる。果たして、その前提は正しいのであろうか。また周囲に語る人と一人で抱えこむ人との間で、心身への影響に差が見られるかどうか、チョウ氏とチャン氏の研究チームが検証したのである。中国人の死別体験者に対する大規模な調査は、これが初の試みである。

多くの遺族に関する記録やインタビュー調査から、悲嘆のさまざまな側面が現れてきた。中国人も日本人同様、死を「縁起悪い」ものとして、死の話を避ける傾向にある。だが、予測に反して、死別された遺族の九割は、一週間以内に、家族ではない知人に死別体験を話し、それも、別の人に何度も話す人もいたのである。なお、誰とも話さない人の不安やうつは、誰かに話す人と比べて、やや強い傾向にあったようである。結果的に、中国人は死について話さない、話すとしても身内のみに話す、というこれまでの考えは「神話」であるとチョウ氏は言う。先立たれてすぐではなくとも、半年も経たないうちに、悲嘆に暮れる多くの遺族は信頼できる人に打ち明けて相談することが、本研究から明らかになった。話す相手として、家族に負担をかけないようにと親友・友人が選ばれたり、特に病院で闘病の末に亡くなった場合、信頼できる医療従事者が話し相手の一人として選ばれる傾向も関心を引く。そして誰かに話した者の方が、話さない者よりは心身ともに健康であることも報告されている。その興味深い詳細を全てこの序文で触れる事はできないが、この報告は示唆に富む。またその結果に基づいて、悲嘆の体験を傾聴する環境作りや死別悲嘆カウンセリングが、中国人に対しても有益であると思われる。

ただし、この研究でアンケートに答えた、チャン氏・チョウ氏が携わっている香港の死別悲嘆カウンセリングセンターに足を運ぶ遺族は、深い悲嘆に悩み、サポートを求める人たちである。そういった意味では、積極的と言うべきか、あるいは、悲嘆がとても深いために藁をも掴む思いで助けを求めているという可能性もある。

チャン氏・チョウ氏の研究は、中国の死別悲嘆現象を好意的に記述・報告するものであると同時に、実践的なケアへの応用を示唆している。同様に、ジョーン・ハリファックス氏も社会人類学的視点から出発しながらも、ケアへの応用・実践へと拡大している。韓国や日本で坐禅を学んだハリファックス氏は、アメリカの有数の禅センターの指導者として知られている。だが、ハリファックス氏は、坐禅が個人の実践のためのものではなく、あくまでも社会貢献に繋がらねばならないというスタンスを取る。氏の指導を受ける多くの弟子は、さまざまな地域コミュニティにおける悲嘆に対するカウンセリングのみならず、刑務所やホスピスなど、死を目前に控えたところで仏教的な看取りを実践している。

近年、そこでたびたび問題となるのは、実践家の燃え尽き、すなわち「バーンアウト」である。本章の中でも、患者に対する接し方はもとより、接する人自身のセルフケアについても詳しく説明している。その内容は、日本人にとっても親しみやすい東洋思想に基づいているが、頭では理解できても、「言うは易く行うは難し」である。そのため、禅思想や禅の実践からヒントを得た「ものの見方」が大いに役立つというのである。

本書は、こころの未来研究センターでの世界的な権威者の講演のうち、東洋的視点に立つものを出発点としている。彼らにさらに詳しい情報や原稿の提供を願い出たところ、*Death Studies* という学術専門誌に掲載された記事の翻訳許可も得られた。ここで、それぞれの研究者のみならず、*Death Studies* の Taylor & Francis 出版社に対しても感謝したい。

また、本書の翻訳のみならず、企画から校正まで中心的な役割を担ったのが、ベッカー研究室の大学院生、特に監訳者の駒田安紀である。年長の専門家も及ばないくらい、気長に、辛抱強く、時間をかけその労力を惜しまずに、詳細な点にまで気を配り、精緻でわかりやすい内容になるよう努めた。指導教員として彼女を誇りに思い、その労をねぎらいたい。

そして、京都大学こころの未来研究センターの活動は、多くの方々の寄付なしでは成り立たない。このご支援に対して、お礼を申し上げたい。とりわけ、公益財団法人上廣倫理財団には、「上廣こころ学研究部門」の設立をはじめ、当センターの研究活動への深いご理解と寛大なご支援を賜っている。ここにあらためて深謝申し上げたい。

目次

序文――死を考える――……カール・ベッカー……1
千石真理

第1章　日本人の死生観……
死を恐れる日本人（1）
死別悲嘆のもたらす影響（9）
死別を乗り超える知恵（12）
グリーフケアとしての葬送儀礼（16）
悲嘆の経験的側面（17）
悲嘆の哲学的側面（18）
悲嘆の医学的側面（21）
日本人の「あの世」への希望（23）

第2章　悲しみと慰め……………………………………………………デニス・クラス…26
　　——死別研究で見過ごされてきた領域——　　　　　　　　　（澤井　努　訳）
慰めは悲しみを和らげる　(26)
悲嘆を和らげるということ　(28)
死別理論における悲しみと慰めの位置づけ　(31)
われわれはいかに悲しみを記述できるだろうか？　(34)
故人への思慕　(35)
悲嘆による抑うつ　(37)
悲嘆をとおして知る事柄は、はたして正しいのか？　(44)
悲嘆の真理に寄り添ったウィリアム・ジェイムズ　(47)
慰　め　(50)
人間関係における慰め　(51)
内なる資源からの慰め　(53)
悲しみに向き合うもう一つの方法　(57)
悲しみはとどまる　(58)

第3章　中国人遺族の経験……………セシリア・チャン、エイミー・チョウ、サミュエル・ホー、イェニー・ツイ、アグネス・ティン、ブレンダ・クー、エレイン・クー（赤塚京子 訳）…64
――彼女は、私たちの新しい家を準備するために天国に行っただけだと思います。――
良いお別れを　(65)
方　法　論　(68)
――遺族がカウンセリングを受けるには勇気が必要である　研究実施場所と協力者――
死の原因　(73)
――夫の命を奪っていった病気の一番の原因は、悪い風水でした――
死の瞬間　(75)
――主人は逝く前、ただただ息子の到着を待っていた――
死後の生　(78)
――もし、自殺しようものなら、天国に行って彼女と会うチャンスはなくなるんですから――
喪失を経験した後の人生　(79)
――私たちは縁起のよいものを奪われなくてはならないのか――
儀　　礼　(81)
――父の顔のおそろしい記憶を忘れられない――

続いていく絆 (84)
故人をきっかけに結ばれる絆
——主人が義妹の夢の中に現れたと聞いて、とても腹が立ったわ—— (86)
遺族をきっかけに結ばれる絆
——義兄たちの主な関心事は、夫の遺産でした—— (88)
考 察
——故人の写真に話しかけること—— (91)
実践に向けて
——死装束—— (94)
死別ケア
——故人との連帯感—— (95)

第4章 香港の中国人遺族における死別体験の社会的共有
エイミー・チョウ、セシリア・チャン、サミュエル・ホー … 103
(駒田安紀 訳)
中国文化における社会的共有と死別 (105)
香港における死別体験の社会的共有 (107)
調査の方法
——協力者、手続き、アンケート項目—— (108)

結　果（112）
――最初の共有、共有回数、相手との関係、共有が印象的だった時の相手の反応、心身の健康状態――
考　察（118）
死別ケアに対する示唆（121）
結　論（124）
第5章　観想的な終末期医療を学ぶ研修プログラム………ジョーン・ハリファックス…129
――死とともに生きること――
（奥野元子 訳）
存在の力（そばに居ることの意味）（132）
バランスのとれた思いやりの育成（134）
悲嘆の受容（136）
セルフケアの重要性（136）
存在の力、思いやり、悲嘆の受容、セルフケアを育む方法（139）
影響を与え続けている内容（139）
考　察（140）
結　論（143）
おわりに（145）

I

第1章 日本人の死生観

カール・ベッカー，
千石真理

Carl Becker,
Mari Sengoku

死を恐れる日本人

ある国際調査によれば、日本人がいちばん「死」を怖がらない民族であった。これは、かつての切腹や特攻隊のことを指すのではない。ほんの五〇年前まで、日本人は畳の上で自然に家族を看取っており、死が身近なものであったためと思われる。また、日本は自然災害が多い国であることからも、死は極めて身近なできごとであった。当時の日本人は、家族を看取った際、悲しい、悔しい、淋しい、辛いとは思うが、怖いとは思わなかった。怖いという感情は、わからないから起こるのである。たとえば「試験が怖い」というのはどんな問題が出るかわからないから怖いのである。実際に試験を受けると、難しいとか易しいとは思っても、怖いとは感じないのである。同様に、死が怖いのは、死がわからない証拠なのである。日本では一九六〇—一九九〇年代の三〇年の間に病院死が在宅死に取って代わり、日本人は死を恐れる民族に変わったのである（Fujita, M., 1995; Schumaker, J.F., 1991）。

日本の人口が八〇〇〇万人に達したのはつい五〇—六〇年前のことである。したがって、これから三〇年の間にその増加した人口が死を迎えることになる。二〇一〇年前の秋に、厚生労働省は高齢者を在宅で看取るという方針を出したが、死を経験したことのない人々が家族の死を怖がっている。ゆえに、医療者や宗教者は患者や家族に対し、「死は特別なことではなく、誰にでも訪れる。死を避けることはできない」と伝える必要があるだろう。つまり好き嫌い、良い悪いと言う価値観ではなく、一昔前のように「人生とはどういうものなのか。死んだらどうなるのか」という人生哲学を、もう一度問い直す時期にきている。

大正大蔵経という仏典に、次のような説話がある。ある年老いた男性が死んで、閻魔大王の前に呼び出された。閻魔大王は「お前、なぜここに呼ばれたのかわかるか」と聞くと、男は「いや、悪いことはしていないし、なぜ私が地獄の閻魔様にお会いしなければならないのか、わかりません」と答える。「お前は、存命の間に、三人の天使に出会わなかったのか」と訊かれると、「天使ですか？　閻魔様、天使なんて、会った覚えはありません」。すると閻魔様はもっとはっきりと言う。「生きている間に、老人、病人、死人を見たことがないのか」と尋ねる。「老人、病人、死人なら、いくらでも見たことがありますよ」と、男性が答えると、「それが人間にとって、天のメッセージを伝える使者であることが分からなかったから、この地獄で試練を受けねばならないのだ」と告げられ、裁かれた。

我々も死にゆく人を看取る時、「安らかに」と願うと同時に「お気の毒」などと思うかもしれないが、我々も必ず、老病死を経験する。

アメリカ同時多発テロ事件の直後、日本でもマスコミで繰り返し報道された映像が目にとまった。それは、一人の女性が「私の一人息子があの中で死んでいる。どうしよう」と嘆いている場面であった。それを見て、二五〇〇年前のキサゴータミーの話が思い浮かんだ。有名な話なのでご存知の読者も多いかもしれない。キサゴータミーという女性が赤ちゃんを亡くし、その遺体を抱いて、おろおろと歩いていた。釈尊のところにいけば、もしかしたら御仏の力で奇跡的に蘇らせてくれるかもしれないと思い、藁をも掴む思いで、釈尊のところに亡くなった赤ちゃんを連れて行った。釈尊は、その若い母親の悲しみや嘆きを聞き、「よくわかりました。助けてあげましょう。ただ、一つ条件がある。村に戻って、ケシの実を四―五粒もらって来なさい。ただしそのケシの実は、死人が出ていない家からもらってこなければならない」と言った。当時ケシの実は、どこの家にもある香辛料だったので、キサゴータミーは大喜びで自分の村に駆け戻り、ある家を訪れ、「少しケシの実をいただけませんか」と頼んだ。すると、「もちろん、お安いご用です」。「ところで、お宅では人が亡くなったことはないですよね?」と聞くと、「ありますよ。祖父母が亡くなりました」。次の家でも「あります。兄が亡くなりました」。次の家でも「子どもを亡くしています」。キサゴータミーは村中を回り、結局、死の訪れていない家はない、ということを悟らされた。もう一度釈尊のもとに向かい「死はすべて自然の一部であり、これを逃れることはありえない、ということを悟らせていただきました。私は愚か者でした。どうか弟子にしてください。」という話である。二五〇〇年経った今もなお、先のアメリカの女性の嘆きと、キサゴータミーの嘆きは、同じであると思えてならない。

日本では、東日本大震災の時、若い頃の釈尊の経験を味わった人が大勢いた。釈尊は二九歳まで、病も老いも死も知らず、すばらしい王宮に住まい、美人の妻をめとり、可愛い子どもも生まれ、健康そのもので贅沢な暮らしをしていた。日本人も少なくともこの三〇年余り、世界から羨ましがられるような極めて贅沢な生活を送り、疫病なども経験せず、老いや死の苦しみなどを経験しないかのような暮らしぶりができたのである。しかし震災や津波で死が訪れた時、釈尊が王宮を出て初めて老人・病人・死人を見た時のような経験をしたのである。死人を見た時、かつての釈尊にとっても被災者にとっても、二通りの解釈があった。一つは、「死んだのが私でなくてよかった。一日でも早く、元の暮らしに戻りたい」というものである。死別された日本人の中でも「私ほど悲しい人はいない」「私の悲しみを誰も想像できない」と、自分の悲嘆を前面に出すことによって、自分の存在意義を主張する人もいた。そして死別の原因であった震災や事故の後、別の震災や事故が起こると、社会の関心が自分の悲しみからより新しい悲しみへとシフトすることに対して怒ってしまう人すらいる。

その一方で、震災等による突然の死別を経験して「人間は死ぬ運命にあるのだ。それに対して自分はどう心がけて生きようか。悲しんでいる人や苦しんでいる人をどう助けようか」と考える人もいる。もし釈尊が前者であれば、王宮に戻り、六年間にわたる苦行もせず、仏道を開くこともなかったであろう。しかし、釈尊自身は元気で何の苦しみもなくとも、老人・病人・死人を見た時、「ああ、これは他人ごとではない。この問題をどう解決しようか」と、自分の問題として受け止めた。妻子を捨て、ジャングルで死ぬほどの苦行をして、やがて悟りを開き、今でも世界的に賛美される仏教という悟りへの道を開いてくださったわけである。「自他同一」の仏教では、「他人」は存在しない。他人の試練を自分のこととしてとらえることは、教えの結果どころか、悟りを開く前提として潜在していたのである。

自然災害の多い日本では、古代から明治期まで、死は日常的な現象であった。三世代の「大家族」で生活していた時代、いつの間にか年老いた祖父母や親戚が老衰や急病で死んだり、出産で母親や赤ちゃんが死んだり、洪水・山火事などで漁師や猟師であった家族が死んだりと、死は日常茶飯事であった。それは日本だけのことではなく、世界的な現象であったことを、かのフィリップ・アリース(Aries)が半世紀も前に述べている。ただし日本は、死を受け入れる態勢が見事なほどに整っていたのだと思われる。

例えるなら、多くの文化でお茶を飲むが、日本だけがお茶を見事な作法にまで洗練したのと同様である。人が亡くなるのはどの文化にもあることだが、日本だけが養生訓や往生伝から忠臣蔵や葉隠まで、臨終行儀を見事な作法にまで磨き上げてきた。十数歳になれば、どの若者でも自分の祖父母の世話や死を経験していたし、その辛い体験により、人生の尊さといのちのかけがえのなさを、哲学というよりも体験として学んでいたのである。日本文化を代表すると言われる「無常観」、「わび・さび」、「一期一会」の感覚も、理屈として学ぶのではなく、体得していたのである。

しかし、過去わずか数十年間で、死の姿が変容してしまった。戦前の軍国教育により死は美化されていたが、戦後、死の話はタブー視され、語られなくなったのである。また都市化とともに核家族化が進み、親戚などを看取らなくなり、病院に任せるようになった。いつの間にか、若者は二〇歳になっても親近な人の死を経験することなく、まるで死が襲って来ないかのような錯覚さえ覚えるようになってしまったのである。そのかわり、ゲームにおける、痛くも痒くもない嘘の「死」を見て、死別の痛みを知らないどころか、命をリセット・ボタンで再生できるかのような錯覚にまで及んだ。かつて、殺人事件が世界でも記録的に低かった日本は、現在では自然界の動物が持つ種族保存の本能さえ失い、親殺し・子殺し・仲間殺しが殺人事件の半数以上を占めるようになってしまっている。身近な死から、死の不可逆さや死別の悲痛を学ばなければ、予測できないような恐ろしい結果になりかねないのである。

なお、「死の日常性」を忘れている大人も、死を現実のこととして受け入れることができなくなりつつある。いたる所で死が起こっていることに変わりはないのに、死が自分とは無関係かのように感じている。その結果、実際に身近な人が亡くなると、それを受容できず、打撃を受け、死別を経験した時点で精神が立ち止まってしまうケースも目立っている。事故、病気、自殺、犯罪に巻き込まれるなどで、自分の子どもが死んだ場合、「どうして死んでしまったの」と嘆き、悪者探しに自分の人生を投じ、死んだ子のこと以外何も考えられず、生産的な一市民でなくなってしまうケースも増えてしまっている。つまり、死を身近に経験することがなくなると、死の受容が困難になるのである。

被災地に手向けられた花束

既に日本以上に死の受容に問題を抱えている国がある。日本より数十年先に都市化と異常な犯罪増加を経験しているのは、アメリカである。日本に同じ轍を踏んでほしくないが、今やその傾向にあるようである。アメリカでは、犯罪防止や自殺防止に対しても、病的な悲嘆に対しても、さまざまな治療や対策が試みられている。むろん、文化的に日本とアメリカは大きく違うので、決してアメリカで講じられてきた対策やカウンセリングをそのまま導入するわけにはいかない。ただ、日本人が死の受容に困難を生じるのであれば、同様な悪夢を先に経験している「先輩国」を参考にしない理由はないであろう。

心理学において、三〇年以上前から、死生観教育や、死別の悲嘆を癒すカウンセリングに力を入れる運動が目立ってきている。本書の土台は、その中核を担う専門家を京都大学に招き、彼らに講演を依頼したところにある。その内容は、日本に適用できそうな面が多く、好評を博した。数百名の参加者からは、「友人にも聞いてほしかった」、「聴かせたい人がいる」、「続編はいつ?」などの言葉をいただいた。実際の講演ほどの臨場感が出せる自信はないが、周囲の優秀な研究者の協力を得て、その一連の内容を和訳し、この出版の運びに至ったのである。少しでも読者の関心に応え、あるいは何らかの癒しのヒントとなれば、幸いに存ずる次第である。

死別悲嘆のもたらす影響

大切な人の死を、受け容れることができるだろうか。長い間、病人に付き添ってきた人は看病に疲れ果て、病人が安らかに眠るように往生したら、不幸中の幸いというか、かろうじて「良き死」と思うかもしれない。だが、多くの場合、ケアをする家族や医療従事者は、患者にもっと長生きをしてほしかった、と思う。交通事故や急病、震災や津波、海や山の事故などで突然亡くなる場合はなおさら、その死は受け容れ難くなるのである。

死別を乗り越える、とよく言われるが、その表現は誤解を招くおそれがある。葬儀（や四九日）が無事に済んだ遺族に対し「前向きに生きなさい」という「励まし」は逆効果であり、まだ悲嘆に暮れている者にとっては、無理解や侮辱にすら聞こえるのである。大事な人を亡くした者は、決してその人を忘れたり、「いなかったかのように」生きたりはできない。だから、「死別を乗り越える」という表現は、死者を存在しなかったかのように忘れる、という意味ではあるまい。ただ、その人との思い出や絆を大事にしながら、遺された者は日常を送り、社会生活を続けていかねばならない状況にある。死別の悲嘆に暮れるあまり、日常生活が送れなくなったり、健康を損なったり、さらに周囲の人々や医療サービスに依存したりするのも残念なことと言えよう。

遺族が死を受容できるかどうかは、第三者や社会一般にとって無関係なことなのであろうか。亡くなった人自身はお浄土に往かれて痛みも苦しみもないのに、遺族は痛みや苦しみをかかえることが多い。それは悲しいだけでなく、社会生活や社会経済に対して悪影響を及ぼすこともある。死の受容ができない遺族の悲嘆が長引くと、病気や事故、抑うつや精神疾患、自殺未遂などが増えることはよく知られている。（かつて、日本人が「祟り」と呼んだものである。）そういったさまざまな問題によって生産性が低下すると、社会的損害も生じる。あるいはその人がしなければならない子育てや介護にも支障が生じ、それを受ける子どもや高齢者の健康状態も悪化する。そうして遺族自身だけでなく、その家族などが健康を損なうと、市民が納めている税金から医療費が賄われる。

たとえば道路交通法において、シートベルトやヘルメットの着用義務、危険運転に対する罰則などは、本人を悲劇から守るためだけでなく、社会的なコストを減らす目的がある。とはいえ、同様に「死別悲嘆禁止法」を作るわけにはいかない。人の悲しみはさまざまであり、遺族のそれぞれの心情を尊重すべきである。だが、遺族自身の健康のためだけでなく、社会全体のためにも、もしも死別悲嘆をより健全に受容する方法があれば、それを使わない手はないであろう。

悲嘆に対して、医薬品を用いるかどうかに関する議論は大きい。アメリカでは、悲嘆は疾患とまで診断されている。アメリカの精神医学会が二〇一三年五月に、一四年ぶりに『ＤＳＭ-５』というガイドラインを発表したのだが、その中で重点的に議論された箇所は、死別悲嘆を投薬の対象とするかどうか、という問題であった。それまでは、死別悲嘆は精神疾患ではなく死別後の自然経過であると、以前のバージョンである『ＤＳＭ-Ⅳ』で指摘されていたのだが、最新版の『ＤＳＭ-５』によると、死別悲嘆は精神疾患という扱いになる。その理由の一つは、前述のように社会に対してのコストが大きいため、医薬品を利用してでも早く治した方が良いと思われているからである。むろん、筆者は悲嘆を医薬品で治せるとは思っていないし、『DSM-5』の最新版は非常に問題視されている。（なお、DSMを改訂したタスク・グループの七割ものメンバーが製薬会社と強い関係を持っていることも、批判を浴び続けている原因である。）いずれにせよ、アメリカにおいても、死別悲嘆はもはや個人的な問題にとどまらず、大きな社会問題になっている証拠と言えよう。

例えばカウンセリングの際、まず医学的診断が不可欠となる。夫を亡くし、うつ状態にある女性や自殺願望者の場合、そもそもその人のうつや自殺願望等が、死別などによる実存的な問題なのか、それとも脳内のホルモン分泌などによるものなのか、という診断である。後者であれば、カウンセリングは全く無力で、速やかに投薬治療を行う他はないのである。反対に実存的な問題の場合、症状を一時的に抗うつ剤などで抑えたとしても医薬品だけでは限界があるので、根本的な解決は今後の生き方に関するカウンセリングによる。

医薬品ではなく、周囲にサポートを求めるのはどうであろうか。周囲に依存するのではなく、頼ることは、決して悪いことではない。周囲に迷惑や心配をかけたくないと思うあまり、一切周囲に打ち明けず、悲嘆を自分の胸の中に抱えこむ者もいる。東洋人は我慢強さゆえ、自分の問題を周囲に話さない傾向にある、とされてきた。本書でも、その先端の研究に従事してきたチャン氏の報告は興味深い。やはり、中国の伝統においても、葬儀などで遺族に励ましの言葉をかける風習があるそうだが、それは遺族自身にとっては励みにはならず、むしろ悲嘆を経験している者とそうでない者の隔たりを示すのみに終わってしまう。遺族が死別体験を誰かに話しても、辛い思い出や傷が深まるだけなのではないかと思われ、周囲が遠慮するのも無理はない。はたして日本の文化でも社会的共有（体験を誰かに語ること）は多いのか、それは治癒をもたらすのか、これから日本でも確認する価値があるであろう。

では、どうすれば死別の悲嘆を乗り越えられるのか、あるいは受け容れられるのであろうか。あえて、悲嘆を乗り越えたくない、つまり、死者をずっと大切に記憶に留めておきたい、という遺族がいても不思議はないし、その気持ちを尊重するのも当然と言えよう。ただ、その悲嘆が重すぎるあまり、本人が心身の十分な機能を失い、必要以上に国の医療や福祉に頼ったりする場合、それはもはや自然な状態ではなく、治した方が良い次元に達していると言わざるを得ない。それでも、「あの人はもういないのだから、諦めろ」とは、とうてい言えるものではない。いや、残念ながら言う人も随分いるようだが、「いない」ことを強調することによって、痛み・悲しみが増すだけである。では、何と声をかければよいのだろうか。これに関する先行研究をいくつか紹介したい。

死別を乗り超える知恵

六〇年代の社会心理学に基づき、六〇年代後半から七〇年代にかけてのベトナム戦争の時代に、アメリカのクッシャー（Kutscher）、イギリスのボウルビィ（Bowlby）やパークス（Parkes）らが遺族研究を発表している。これらの研究は医学の観点から、故人への執着が遺族に与える影響を浮き彫りにし、それを乗り超えるためのカウンセリングや儀礼の重要性を認めた。死別後、故人に執着をもつ者に対して死者を忘れるよう、フロイト（Freud 1917）を初めとする西洋心理学は指導してきた。しかし、ニーマヤー（Neimeyer）などの研究によれば、遺族の重層的悲嘆を克服することは難しい。身近な他者の死を考えるときには、現在だけではなく過去や死後といった時間の連続性がある。また、日本では、若林（一九八九）が看護の観点から、神居ら（一九九三）が仏教の観点から、故人への執着が与える悪影響とそれを超える儀礼の研究を報告するに至っている。

死者に対する日本人の態度を単純な「先祖崇拝」として批判的に捉える欧米の宗教学者がいるが、それを高く評価して世界に紹介したのは、本書にも紹介されるデニス・クラス氏の「続いていく絆」（Continuing Bonds）理論である。日本人の先祖供養にヒントを得て、故人と生前から続く精神的な絆（Continuing Bonds）を持った方が健全である、とクラス氏らは提案する。愛する者の死を受容するためには、意識的に死者を忘れたり拒んだり乗り越えたりする努力をするのではなく、むしろ儀礼や祈り、心の中での対話などが時に必要であるという。故人の存在を忘れ、まるで彼らがいなかったかのように考えがちなアメリカ人と、故人に感謝をし、心の中でその声と姿を想い出し、生活の中で故人の知恵と経験を活かそうとする日本人とでは、日本人の方が賢くて人間的であると、クラス氏が繰り返し断言している。その背景を少々紹介したい。

仏　壇

今から三〇年ほど前、アメリカの大学を卒業して日本の会社に勤めていた青年がいた。初めて日本を訪れた彼の父親が、彼の友人宅を訪問した時、全ての家に神棚や仏壇があることに気づいた。「これでどのような儀式をするのか？」と興味を示すと、「特別なことはなく、ただ朝夕に手を合わせて挨拶する。大切な事がある時は、仏壇の前に正座し、静かに亡き父の声を聞き、その大切な事が無事に終われば、父に報告する」と答えが返ってきた。親が亡くなると、まるでこの世に存在しなかったかのように二度とその声を聞くことのない西洋人として、「いったい死者をどのように考え、扱ってきたのだろうか」と、その父親は衝撃を受けた。日本では、すでに「あの世に逝った」親が息子の心の中で生きており、その知恵、その教え、その姿が、遺された者の人生に活かされている。「これぞ文明だ」と痛感したのである。この父親こそが、デニス・クラス氏というシカゴ大学出身の宗教心理学者である。

クラス氏が『続いていく絆』（*Continuing Bonds*）という本でこれらのことを紹介すると、欧米で反響を呼び、続編まで出版された。というのも、欧米人は亡くなった人の存在を感じていても、口に出せずにいたからであった。その理由として、西洋の医療の主流はフロイトの考えに基づいているからである。今から百年ほど前、フロイトは、悲嘆に暮れていた女性の治療にあたった。亡き夫を思うあまり精神に異常をきたしたその患者に、「死者を忘れろ、前へ進め」と治療していた。同じ頃、第一次世界大戦が起こり、大切な人を失う者が百万単位で続出した。誰もが耐え難い死別を経験していたので、その考えは浸透した。確かに、戦争や災害の直後には「何もなかったことにしたい」という気持ちも起こるが、同時に心のどこかに「大切な人を忘れたくない」という気持ちがあることも否定できない。多くの西洋人もそのことを感じていたのであるが、フロイト派の精神医学に対しては何も言えずにいた。なぜなら、フロイト以降は、医療という宗教が、故人を忘れない人を異常者とみなしていたからである。それに対して、日本では故人とのつながりが当たり前であり、これを大切にしながら人々は生活を送ってきた。

日本人の世界観はどのようにして伝えられてきたのであろうか。かつて、筆者が京都大学のゼミで『葉隠（はがくれ）』を読んだ時、学生は、解説なしで内容を理解した。しかし、若者は大学の授業でもなければ、このような古典を読もうとは思わず、それまでに読んだこともないと推測される。にもかかわらず、この「理解できる」知識の土壌はどこから伝わっているのか。日本人は、聖書のように決まった教典を読み宗教を理解するのではない。家族のつながり、お盆やお墓参り、時代劇などのテレビ番組といった庶民文化を通して、死やあの世についての考えを身につけているのではないであろうか。

グリーフケアとしての葬送儀礼

アメリカやイギリスの一部の病院では、患者の余命が三カ月程度の頃から、患者を大切に思う人や病院スタッフが毎月一回集まり、患者を囲んで合計七回にわたるパーティーを開くところがある。余命は三カ月なので、残りの数回は本人が亡くなった後に開催される。このパーティーを行う病院とそうでない病院とでは、その後の家族の状態を追跡した調査の結果に差が出る。グリーフケアパーティーを行わない家族は二年以内に、重篤な病、精神疾患、事故などが起こる割合が高い傾向にある。医療者であればこの現象を、遺族は精神的に安定しないため免疫力が低下し集中力に欠ける、と解釈する。そのため、病気にかかりやすく事故を起こすと理解できるが、昔の日本人もこのことを経験的に分かっていた。初七日、二一日、四九日、月命日、初盆と続く儀式はまさしく遺族が集って語り合うことであり、精神の安定が得られるのである。これを行うと二重の不幸としての「祟り」が起こらない。近年、アメリカやイギリスの病院が良く似た形態でこれを取り入れたのに対し、最近の日本人は、忙しさを理由に伝統ある行事を葬式の一日で済ませることが多くなった。離れて暮らす人々が故人のために集まり、共に泣いたり語ったりすることが精神的には大事であるが、これはお寺が長年担ってきた役割でもある。最近では「お寺離れ」という現象も注目されているようであるが、それよりも、日本人の「あの世」を考える経験的根拠と、その死生観の変化を反映していると言えよう。

悲嘆の経験的側面

阪神大震災の被災者と話していると、かなりの割合で、「故人の声が聞こえる」「身近に気配を感じる」という遺族がいた。また東日本大震災の被災者を調査している研究者も、同様な反応に驚いているという。しかし、日本人にとっては驚くほどのことはない現象である。昔から、日本人こそが、死者は異次元の地獄や天国に行ったり涅槃に入ったりするのではなく、遺族のすぐそばにいる、と分かっていた。鳥居も、鳥のように自由自在に空を飛び回れるモノ、即ち「霊」の居場所であることを意味している。仏教徒もお骨や位牌を仏壇に安置し、故人と毎日接してきた。遡れば、平安時代から、恵心僧都などの指導に従い、日本人は死にゆく人の最期の言葉を、また特に生き返った人の経験を「往生伝」として大事に記録したのである。人間は死んだら目に見える身体こそ失うものの、遺族のそばで待ってくれているという体験が数多く記録されていた。

人が死ぬ時に、阿弥陀様や先に逝った親戚など、温かくて明るい存在が「お迎え」に来ると日本人には広く知られているが、それは信仰だけではなく、経験的根拠に基づいているのである。臨終の床で迎える光は時代や文化によって変化している。日本では、奈良時代から平安初期までは地蔵菩薩や弥勒菩薩が多く、その後、阿弥陀様のご来迎が増える。さらに江戸期になると、観音様やお大師様などの聖者になり、明治時代に近づくにつれ、宗教的人物より祖父や父となる。そこに共通するのは、無限の光に満ちあふれ、他界する人が心から帰依できる温かな存在のお迎えが来ることと、自分の世界観に合った人物が迎えに来ることである。

欧米の病院でも「figure of light」（光の姿）と呼ばれるお迎えの存在を調査しようとしている。亡くなる人にしかわからないため調べるのは困難であるが、文化や地域を問わず、光の姿のお迎えは普遍的な、精神的な次元のできごとであり、ＤＮＡで伝わる生物的なものではない。（ＤＮＡで伝わることは、受精までの影響しかなく、晩年になって人間は幸せに亡くなるかどうかまでは伝達されない。）

医療従事者は「お迎えが来て、連れて行かれた」とされる現象を、否定するより利用した方が賢明であろう。否定することはこれまでの研究成果に反するのみならず、患者や家族の希望まで壊してしまう。末期患者に提供する最後の治療が、身体の治療ではなく心を安らかにすることだとしたら、死にゆく人に対して医療者にできることはまだあり、希望も持てる。

悲嘆の哲学的側面

人生は不平等や不公平に満ちている。自分よりものごとが上手く行く人、自分より賢くて綺麗な人、自分より努力しないのに成功する人などが目につく。反対に、本人は一切悪くないのに、飢餓や天災で亡くなったり、事故で手足や目を失ったり、深い心の傷を負ったりする人もいる。この世を見るだけでは、絶対納得できない、残酷な差違としか言えない状況がある。ほとんどすべての国や文化において、この不幸な不平等と不公平を説明するのに、「ここだけではない」つまり「次の世の裁きによって、この世の苦労は報われ悪行は罰せられる」と信じられてきた。日本語では、「お天道様が見ている」に近いであろう。むろん、これだけでは来世があるという証拠にはならないが、来世に賞罰がないと思う人が増えれば究極的に正義を守る理由もなく、悪行や犯罪が増えるばかりか、生きる価値もないと思い、自殺者が増えても当然な結果と言えよう。

愛する人を亡くした時、遺された者の世界観が問われてしまう。世界の正義を信じたくとも、死んだ者は別に不正をしていないのに、まるで「罰」を受けたかのように見える。果たして正義があるのであろうか。神を信じたい人も多くいるだろうが、もし生と死が神の領域だと信じた場合、善良と思われる人を死なせる神様を、なぜ信じて拝めるのであろうか。失敗や悲劇より、せめて何らかの「教訓」を学び取りたいという気持ちも生じるはずである。「その人の死によって、いったい我々は何を学べばよいのか」と叫びたくなる。長年の愛煙家の肺がんを見て「タバコを吸わない方が良い」、長年のアルコール中毒や偏食の肝硬変患者を見て「アルコールを飲まない方が良い」と思っても、同じようにタバコや酒を飲んだ人全員が決まった時期に死ぬわけではない。なぜ一人だけが先に逝くのだろう。しかも、津波や震災、飛行機や列車の事故など、居合わせた全員が一気に死んでしまうようなケースだと、さらに説明がつかない。カウンセリングにおいても、「主人はなぜ死んだのか」ではなく、「私はなぜ主人に死なれなければならなかったのか」という嘆きをよく聞くという。つまり、原因は事故や震災であると分かっていても、その「ねばならぬ」必然性が知りたいのである。宗教心が

灯篭流し

薄いと思われる東洋の文化においても、急に死なれた時には、フランクルが言う「意味に関する問い」が生じるのである。

悲嘆の医学的側面

近年では、医療技術が発達した結果、死の直後からの蘇生が以前に比べ頻繁に起こるようになっている。患者の脳波が停止し、脳の血流が停止していても、あるいは瞳孔が開いて反射がなくとも、意識が残り、その手術や病室、自宅の様子などを見聞きして憶えていた、という報告が見られる。しかもそれは根拠のない趣味の雑誌ではなく、Lancet や Resuscitation 等の世界的に著名な医学雑誌に掲載されているのである。また公立大学の医学部において、死の周辺の現象を研究する動きも見られているのである。

日本でも、東京大学の死生学プログラム、東洋英和女学院大学の死生学研究所、上智大学のグリーフケア研究所をはじめ、多くの大学が本格的な死生観研究を始めている。二〇一二年から、東北大学でも宗派の立場を超えて連携し、精神的支援活動ができる人材を育てる「実践宗教学」というプログラムを設立し、被災者の体験を聴き取る研究に乗り出した。

死別悲嘆は、家族や親しい者だけの死別において起こる現象とは限らない。長い時間をかけ、一生懸命に患者のいのちを守ろうとする医師や看護師をはじめとする医療従事者も、深刻な打撃を受ける傾向にある。絶望感や挫折感、抑うつ症状などが、医療従事者の燃え尽きにつながる。たとえその燃え尽きによって離職にまで至らなくとも、精神的な疲弊により、医療ミスが増え、患者に対する態度が冷酷になったりする傾向も指摘されている。つまり、医療従事者も患者の死別から精神的なダメージを受ければ、他の患者に悪影響を及ぼしてしまうのである。したがって、死別悲嘆を研究することは、遺族の健康を守るためだけではない。医療従事者自身の健康と、彼らがケアする多くの患者の健康にまで影響するので、早い段階で医療従事者の死別悲嘆を察知し、対応した方がよい。

なお、末期患者が入院している病棟の看護師の燃え尽き症候群は、患者が治癒していく他の病棟に比べて高い数値を示す。そのことについて筆者が考える救いは、身体は心や魂の器のようなもので、器たる身体が灰になっても、何らかの意味で心や魂は生きており、親しい関係であれば、お墓や仏壇で存在を感じることもできるということである。看護師の中には、亡くなった患者が夢に現れてお礼の言葉を告げたと言う人もいる。その時に、フロイトにはじまる現代精神医学の中で自分が精神疾患だと受け取るのと、有り難くも故人が会いに来てくれた、何か学ぶことがあるのだろうと受け取るのとでは、ずいぶん受けるストレスが違うであろう。患者が亡くなった後にその人のことを語るのは、医療者にとってもケアになる。特定の宗教を持たない者であれば、お寺や教会へ通うのではなく、むしろワークショップやカウンセリングという方法が適していると思われる。

日本人の「あの世」への希望

医学的に回復の見込みがない患者に対して、折を見て「あの世で会いたい人はいませんか？」と声をかけると、「親や恋人、死んだ息子に会いたい」と話をしてくれる。終末期になり、この世で希望を持てなくなると、「あの世」を考えはじめ、別の次元の希望を持とうとする。自然科学的な、あの世があるかないかという証明の話ではなく、証明できないが信じられる世界観、すなわち広義の「宗教」の領域に入る。愛する人とあの世での再会を考えることは、より安らかな死の方向へ向かう助けにもなる。

また、「早く死にたい」と訴える患者に、「全うすべきことはしましたか？　心残りはないですか？お礼やお詫びを伝えたい人はいませんか？」と尋ねると、最初は「別に」とはっきりとは答えなかった患者も、次の面会時には、「実は仲たがいしていた従兄がいる、会ってお詫びを言いたい」などと話し始める。遺言を書いたり、形見分けをしたり、あの世に行くまでの宿題を一つ一つ片付ける事により、死にたいと訴えていた患者が落ち着くこともある。日本教の一角として、「立つ鳥跡を濁さず」と言われるように、日本人は後始末を大切にする。筆者がこれまでに出会った患者の中には、自分の身体を片付けられないのが唯一の心残りだという人もいたが、それは極めて日本的な考えに思えた。

患者のケアをする側も、この世しかないと考えるのと、あの世があるだろうと考えるのとでは、大きな違いが生じるかも知れない。筆者はボランティアとして、終末期の患者の清拭や排泄介助などのケアをさせてもらったことがあるが、最初は何も思わなかった高齢の患者に何度か会ううちに情が移り、楽になって欲しいと思うようになる。だが、次の週に病院へ行くとベッドは空で、患者は霊安室に送られていたこともある。自分が汗を流し懸命にケアをした患者が、火葬場で灰になるだけだと考えると、無力を痛感し死に圧倒されたような気持ちになる。しかしこれは終わりではなく、患者の「あの世への出発」のお手伝いを我々がさせてもらったと考えられたら、どうであろう。「また、向こうで会おう」と死にゆく患者の見送りが出来たら、悲しみは完全には消えないが、虚しさは少々減るのではないだろうか。

人が亡くなっても消えてしまわないことは、多くの宗教の根底にある観念である。あの世を考えない患者はほとんどいない。死が近づくと、誰もがあの世を考えている。証明できる、できないという次元の話ではない。あの世など非科学的だと一笑に付さずに、そのことについて語り合うことは、患者にとっても医療者にとっても、大きな意味のあることである。死に向かっている我々が、特に親しい人の死に出会った場合、他人事と思わず、自分の死生観を問い直してもよいのではないであろうか。

これまで述べた通り、日本人は古くから死別に関してさまざまな経験や見解、儀礼や支援体制を整えてきた。死別の問題はこれから急増する一方である。ならば、医療上のケアや法的手続きだけではなく、心の準備とその周辺の理解を深めるために、日本の伝統的叡智を拝借しても良いのではないだろうか。

参考文献

Freud, S.（1917）Mourning and Melancholia. *The Standard Edition of the Complete Psychological Works of Sigmund Freud*, Volume XIV. London: Hogarth Press.

神居文彰・藤腹明子・長谷川匡俊・田宮仁（一九九三）『臨終行儀——日本的ターミナル・ケアの原点——』北辰堂。

若林一美（一九八九）『死を学ぶ』日本看護協会出版会。

第2章 悲しみと慰め
――死別研究で見過ごされてきた領域――

デニス・クラス
Dennis Klass
（澤井　努 訳）

悲嘆はこの世界を正しく捉えている。

慰めは悲しみを和らげる

死別を研究したり、ケアする人たちは楽観主義に偏っているように思われる（つまり、死別による悲嘆は癒されるものだと思っている―訳者注）。ストア学派で言われるような忍耐ではなく、個人の成長が悲嘆の治療のゴールとなっているのである。現代の死別理論においてシーシュポスは、アルベール・カミユ（Albert Camus, 1913-1960 フランスの小説家）が『シーシュポスの神話』で描いたように、毎日毎日、石を山の頂まで運び上げるということはしない。傷というメタファーを伴うトラウマ（心的外傷）は興味深いものであるが、破滅的な結末を導く悲劇は興味を引かないというわけである。他にも要因があるかもしれないが、死別を研究したり、ケアする人たちは悲嘆に寄り添いながらも巻き込まれないように、楽観主義という立場をとるのである。ともかく、死別研究は悲嘆にこだわるのではなく、前向きな解決策を見つけようとする。

この楽観主義的な傾向のためにわれわれは、悲嘆が深刻で、解決に時間を要するケースに共通する現象を見過ごしたり、軽視してきたのではないだろうか。大切な人を失った後の遺族の精神生活において、永遠に続くような深い悲しみ、無意味感、実存主義者が無と呼んだり、精神医学者がうつ病と呼んだりするものは、死別による悲嘆の長さにかかわらずよく見られるものであり、悲しみが慰めや安らぎ――相反するように思われるだろうが前向きな要素――になるのである。実際に、悲しみは悲嘆の特徴をよく表しており、慰めは昔から悲しみを和らげる役割を果たしてきた。

遺族の死別後の人生において、悲しみは非常に大きな要素を占める。しかし、従来の死別研究において、われわれはほとんど悲しみに注目してこなかった。意味を再構築したり、再付与したりすることは、継続する悲しみとあわせて考えなければならないのである。もし死別を研究する者が、悲嘆に暮れる人をサポートできる成果の一つとして、悲しみに慰めを含めて理解するならば、死別研究はより盤石なものになるであろう。

われわれ死別を研究する者は悲嘆一般について話すことがよくあるが、そういった場合、それは遺親の悲嘆を想定している。私はこれまで遺親の悲嘆についてかなり踏み込んで研究を行ってきた。だが、私がその他の悲嘆について知っていることは、主としてその他から学んできたものである。

悲嘆を和らげるということ

悲嘆に関する現代的な言説形成が始まって以来、すなわち、一九四四年にリンデマンが深刻な悲嘆が一種の精神医学的な症候群であるという考えを発表した頃から（Lindemann, 1944/1979）、われわれ死別を研究する者は、良い悲嘆と悪い悲嘆とを区別し、悪い悲嘆にはレッテル——病理的である、未解決のままである、長期にわたる、慢性的である、複雑である——を貼ってきたのである。悪い悲嘆と見なされるものの多くは、深い悲しみ、人生が無意味・無価値であるという感覚、あるいは抑うつなど、そしてそれらに関連する行動である。そして、そうしたレッテルが何であろうと、死別研究は、悲嘆が治療可能であり、あるいは治療すべきであると主張してきたのである。

リンデマンによれば、病的な悲嘆に至る危険因子（risk factors）は、個人が悲嘆を解決しようとするプロセスにあるのではない。むしろ、精神疾患系の病歴のある人、葛藤や罪悪感に苛まれた人たちの方が、病的な悲嘆に陥る傾向があると言う（Cobb & Lindemann, 1979）。近年の死別研究でも基本的に同じことが言われている（Shear, Boelen, & Neimeyer, 2011 を参照）。さらに、病的な悲嘆という考え方は、死別研究において継続して議論されてきたテーマの一つである。死別研究において悲嘆に関す

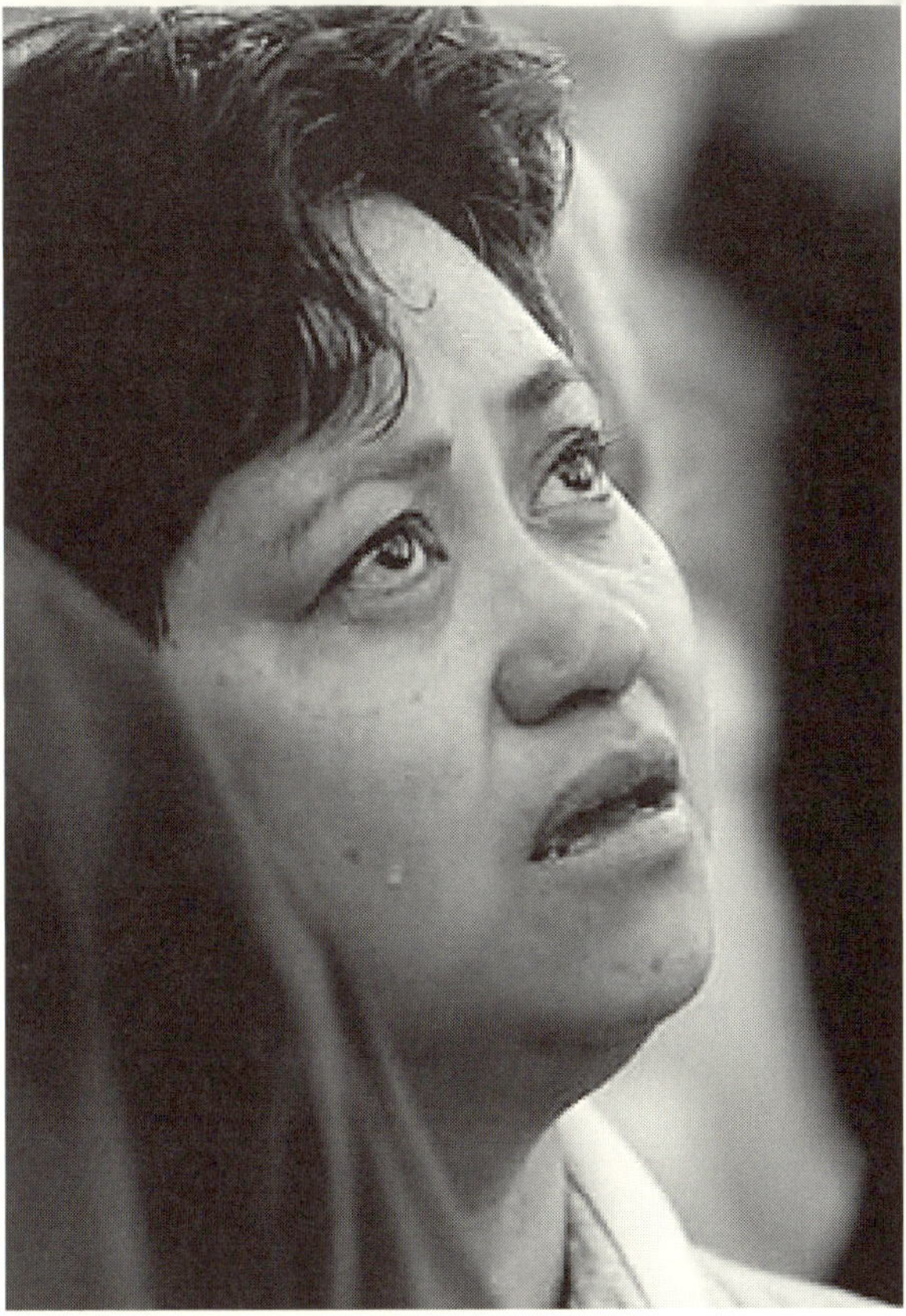

悲しみにくれる女性

るモデルがある程度発展してきたが、どのモデルにおいてもまず、悲嘆を癒すためのより良い方法が問われてきたように思われる。

死別に関わる研究者が遺族の考えや感情を分析する基準は、彼らの考えや感情、あるいは認識が世界の在り方と一致しているかどうかではなく、自己や周囲に関して心地よいと感じているかどうかである。たとえば、私はシルバーマンやニックマンとともに、「続いていく絆」(continuing bonds)が悲嘆における正常な現象であり、病的な状態ではないという見解を表明した(Klass, Silverman, & Nickman, 1996)。するとすぐに、その続いていく絆がより正常な悲嘆につながるのかどうかを問ういくつかの論稿が発表された(Klass, 2006a)。その問いがあまりに広いと分かったとき、そうした一連の研究は、続いていく絆を持つことが、望ましい心理状態につながるのかどうかという問いへと移ったのである(Field & Filanosky, 2010; Field & Wogrin, 2011 を参照)。このように研究者はより微妙な差異を持つ解釈を用いているが、続いていく絆を分析するために、遺族の考えが正しいかどうかではなく、精神的に健康であるかどうかを基準に定めている。

シモンズとロスマン——母親の悲嘆に関してもっとも優れた歴史研究を行った——によれば、一九世紀において、(母親にとって)子どもの死は精神的に辛い経験であると同時に、理性的に解決するのが困難な経験でもあった(Simonds & Rothman, 1992)。彼らによれば、「結局、神学は信念(belief)の領域における理性的な訓練である」(p. 166)。近年の死別研究では、悲嘆は基本的に感情的なものだと見なされている。悲嘆に関する理性的な内容を感情的なジレンマとしてしまうことは、人々の「さまざまな段階における経験や関心、あるいは一時的な感情」（p. 161）を単純化することにつながる。悲嘆を概念化するこうした方法は、「悲嘆を経験する人を片隅に追いやり、矮小化」（p. 163）することになるのである。

死別理論における悲しみと慰めの位置づけ

テデスキとカルホーンは、シモンズやロスマンの批判を真摯に受けとめ、悲嘆に関して一つの考え方を提示している（Tedeschi & Calhoun, 2004a, 2004b）。トラウマ後の成長に関する研究において彼らは、悲しみと慰めに目を向ける余地を残しておいた。悲嘆を経験した人からの報告を基に、成長の内容を明らかにしたのである。それは、人生一般の豊かな理解、より自分にとって意味のある対人関係、自分が強くなったような感覚、優先順位の変化、より充実した実存的でスピリチュアルな人生などである。人は誰もが、愛する人の死を受け容れることで成長できるとは限らない。テデスキとカルホーンは、悲嘆を経験した人の成長が、心理学や精神医学の研究が従来指摘してきた以上にありふれたものであることを明らかにしたが、同時に次のようにも忠告している。「トラウマはしばしば病気を生じさせるという一般的な前提が、人はトラウマを経験した後に必ず成長するという期待に取って代わるべきではない。苦悩と成長はしばしば共存することが分かってきている」（2004a, p. 2）。

テデスキとカルホーンは、とりわけ遺族が所属するコミュニティの価値観や世界観の観点から、宗教的あるいはスピリチュアルな意味付けを受け容れることが多くの可能性を開くことになるかもしれないと言う（Tedeschi & Calhooun, 2004a）。テデスキとカルホーンにとって葛藤とは、何かを探究したり、疑ったりすることである。信仰（*faith*）は、概して信念（*belief*）という意味に限定されているが、彼らは葛藤を信仰の潜在的喪失と呼ぼうとする（Tedeschi & Calhooun, 2006）。さまざまな困難を説明しようとする中で、遺族がどのように感じているかだけではなく、何を真実だと思っているのかについても尋ねた。

遺族の中には、愛する人の死を彼ら自身が持ち合わせていた世界観で理解できる人もいる。愛する人が天寿を全うし、それなりの仕事を達成した場合、多くはその死を受け容れるのである。もしそれができない場合、持ち合わせの世界観を「もはや愛する人はこの世にいない」という新たな現実に適応させなくてはならない。この適応は、楽観主義的に死別を研究する者を困惑させるが、無意味感や不条理感を意味するかもしれない。あるいは、遺族の成長へとつながるかもしれない。しかし、多くの遺族にとってそれは、いわゆる成長か抑うつかという問題でもないかもしれない。少なくとも私の遺親に関する研究を踏まえれば、ほとんどの遺親がさまざまな事柄に対して同時に対処しているのである。つまり、遺族は死を従来の世界観で理解したり、その世界観を変えようとしたり、悲しみの感覚を研ぎ澄ませたりする。遺族は、医師に悲嘆であると診断された後、その後の人生を通してこうした三つの作業を継続して行う。われわれの多くは、ある一つの考え方や精神状態にとらわれることはないし、遺族もさまざまな考え方や精神状態を有している。テデスキらによれば、死別というトラウマを経験した後、（医師は）成長を手助けする治療を行う。それは、トラウマを抱える遺族が（成長への）期待を持たないように、その代わりにトラウマの克服が困難であることを忘れずにいるよう促すためである。さらに、深刻な苦しみを抱えている遺族が、さまざまな形で成長する可能性を模索できるようにするためでもある。（ibid., p.93）

結果的に、われわれは成長し、変化し、さらに何かを信用することができるようになり、一方で愛する人の死を抱き続けることができるのである。われわれは現実を受け容れることができるが、その現実は受け容れられないまま残りうるものでもある。私が研究対象とした遺親の自助グループでは、長年所属しているメンバーが子どもの死を受け容れるための一つの作業として、身の回りに起こった前向きなできごとを書き記すということが実践されていた。たとえば、結婚生活が良い方向に進むようになった、あるいは良い形で離婚することができた、といったように。そうした行為をとおして遺親は、それまで失っていた、冷静に物事を見る目を養ったのである。その結果、自分たちの遺された子どもたちにとって望ましい両親であることができたし、（子どもたちの）悪ふざけを叱るようにもなった。さらに、彼らは信仰する宗教の教えや一日一日に深く感謝するようにもなった。しかし、トラウマ後の成長を果たし、人生物語を再構築してもなお、遺族は次のように書き加えるのであった。

「もし失った子どもが戻ってくるのであれば、自助グループを通して得た幸運を完全に捨て去るでしょう。」

われわれはいかに悲しみを記述できるだろうか？

遺族が平穏を取り戻し、愛する人の死に意味を見いだし、どうにか気持ちを切り替えたとしても、依然として消えることなく残る悲しみをどのように表現すればよいだろうか。最初の答えは、悲嘆を経験していない人が悲しみを本当の意味で理解することはできないということである。自助グループの遺親のメンバーは、同じような経験をしている人でなければ、誰も自分たちのことを本当に理解することはできないとしばしば口にした。私は、彼らの言っていることは正しいと思う。「逆転移」（counter transference）もデータと見なしてよいなら、私は遺親の集まりに参加したとき、胸のあたりにだるさを感じ、それと同時に身体が彼らの世界に立ち入っているようにも感じた（Klass, 2006b を参照）。ところが、遺族の幾人かは私がそばに歩み寄ったとは思っていなかった。その自助グループに関して私が学会発表を終えた後、ある女性は、私が子どもを失った経験がないことが分かると言った。なぜなら、その女性によれば、「遺親はあなたが笑うように心から笑うことはない」からである。

悲嘆とうまく付き合っている遺親はわれわれに、悲しみは時間とともに変わることもあると言う。手足の切断手術を受けた人が車いすに慣れるように、遺族が悲しみに慣れることもある。しかし、そうした慣れが悲しみを取り除くことはない。悲しみに慣れた遺族というのは、悲しみを取り除こうとする人たちから、それを隠せるようになるのかもしれない。時が経つにつれて悲しみは、世界のはか

自助グループ

なさという敏感な感覚、またはひどく悲観的な見方へと変化することもある。悲しみはその形を変えるかもしれないが、それでも子どもを失ったことは事実なので、悲しみは依然として悲しみのままなのである。美しいものは失われ、二度と戻ってくることはない。つまり、遺族にとって愛する人を失った世界は、大事なものを欠いた世界なのである。

もしわれわれが遺族の抱える悲嘆を研究しようとするなら、たとえそれを本当の意味で理解できないとしても、死別研究における悲しみを説明できるような概念を見いだす必要がある。

故人への思慕

ボウルビィ（精神分析家）は愛着理論を発展させながら、悲嘆に関するさまざまな考え方――それは死別研究において今なお重要な意味を持つ――の理解も深めていった（Bowlby, 1961, 1980; Parkes, 1972; Zech & Arnold, 2011 も併せて参照）。彼は、悲嘆の段階を表現するために「思慕」（*pining and yearning*）という概念を用いた。それは、中国人遺族が自分たちの感情を表現する際に用いる「*sei bu de*（舍不得）」に似ているように思われる。ホ・チョウ、チャン、ツイら（Ho, Chow, Chan, & Tsui, 2002）によれば、「*sei bu de*」を英語にそのまま翻訳するのは難しい。それは文字通り、故人を恋しく思っている、忘れ去りたくない、手放したくない、ということを意味する。それはまた、とても悲しい状態にあるという意味も含んでいる。

ボウルビィは、引きこもりや一見うつ病のように見えるもの——母親から引き離されたサルの赤ん坊や、バトル・オブ・ブリテンの間、地方に疎開した子どもたちを観察したハリー・ハーロウ（Harry Frederick Harlow, 1905–1981 アメリカの心理学者）の研究——を回顧した。ボウルビィにとって思慕は、一つの段階もしくは局面であった。彼は悲しみや絶望感は継続するものであることを認めていたが、故人について肯定的な記憶が多くよみがえれば、悲しみや絶望感は軽減されると考えていた。そして、それを表現するうえで、「思慕」（pining）という言葉を選んだのである。彼のいう思慕とは、願望、切望、欲望、さらに渇望などを意味している。プリジャーソンら（Prigerson, Vanderwerker, & Maciejewski, 2008）は、ボウルビィの理論を基に、深刻な悲嘆を実態に則して説明した。彼らによれば、深刻で長引く悲しみは、「故人が既にいないことを周期的に思い起こさせる、侵入的で、悲惨な思考」に等しい。悲嘆に暮れる人にとって人生は、「愛する人を亡くした今、意味も目的もない」。つまり彼らは、「愛する人の死とともに自分自身の一部も死んでしまったと感じている。それがいわゆる『空しさ』であり、愛する人がいなければ、自分自身のアイデンティティが揺らいだり、途方に暮れると感じている」（Prigerson, Vanderwerker, & Maciejewski, 2008, pp. 170–171）。

悲嘆による抑うつ

ストローブらは、悲嘆の実証的研究において従来用いられてきた抑うつの概念よりも、ボウルビィがいう思慕の概念の方が悲嘆の特徴を表していると論じている（W. Stroebe, Abakoumkin, & M. Stroebe, 2010）。しかし、単に抑うつの代わりに思慕を用いるだけでは、われわれが悲嘆に見いだしている多くの事柄を扱わないことになる。願望、切望、渇望などを意味する思慕は、ボウルビィの愛着理論において特別な意味を持っている。親子間や恋人同士の愛着は、愛する人との親密な関係の維持という目的を持つ。確かに、故人が自分のすぐそばにいて、会ったり、話したりした頃へ戻りたいと願うことは悲しみの一部であるが、悲しみはそれだけにとどまらない。子どもを失えばたいていの親は、怒り、恨み、無念、ねたみ、屈辱、そして「自信喪失」（self-doubt）などに苛まれるが、それらは愛着理論だけでは説明できない。本来、自分の子どもを守らなければならなかったが、彼らにはその力がなかった。子どもを亡くす前に思い描いた未来は、今や起こり得ないのである。

悲しみは、昔から悲嘆による抑うつと愛着のいずれでもあった。私は、一九世紀に五歳でこの世を去った子どもの墓碑に刻まれた碑文を読んだことがある。それは、「晴れた日に花開きますように」（碑文とは“Gathered to bloom in a fairer clime”であり、「（あなたは）天国に召された」という意味である―訳者注）というものである。つまり、葬儀に参列した人は、この世が子どもの死をはっきりと了解し、苦しんでいると言おうとしている。ここでは、愛着理論で言われるような故人との天国での再会だけではなく、天国が「晴れた日」であり、この世よりも良い世界であるということ、またそこが子どもの象徴である美しさや喜びに満ちた場所であることを切に願っているのである。

ある父親は、自分の娘が長い間がん治療を受け、結果的に亡くなってしまったのであるが、その娘の死後、「とても見通しが悪い」と言った。確かに彼は、亡くなった娘を恋しく思っていた。しかし、彼が抱いていたのはそうした思慕の念だけではなかったのである。これまで経験したことのない形で死を経験し、娘という近親者の死が彼の世界観を変えてしまった。現在彼は、以前は持っていなかった運命論的な態度を取っている。

うつ病と悲嘆は複雑に関係しあっている。うつ病を患った経験のある人の中には、悲嘆による抑うつと彼らが過去に治療を受けたうつ病との違いを話すことができる人もいる。たとえば、私が長い間カウンセリングを行った女性などは、医師が抗うつ剤を処方したがると言った。その女性は医師のその処方をきっぱり断ったのである。彼女は私に次のように言った。「うつについては何も口出しをしないでください。うつについてはよく知っているのですから。私はうつの専門家なのです。ですが、悲嘆は、うつとは全く別物なのです」。その女性を研究対象とした何年かの間に、アーロン・ベックの抑うつ理論のおかげで、彼女がいかに悲嘆と向き合うか、また亡くした娘との続いていく絆の中で彼女自身が果たすべき役割について展望が開けたのである。

現在、死別研究では、悲嘆をうつ病と区別しようとする試みがあり、何種類かの悲嘆に対しては、精神医学による診断を下そうとする試みも見られる。シアーらによれば、複雑性悲嘆（complicated grief）は「うつ病といくつかの点で似ている」が、「両者の違いには確かな根拠がある」（Shear, Boelen, & Neimeyer, 2011, p. 140）。悲嘆に見られる抑うつの症状が「疾患」であるかどうかはひとまず置いておいて、シアーらの示す根拠は結論を支えているとは言えない。彼らの根拠の中には、悲嘆による抑うつが、うつ病に対する標準的な治療で良くならないからうつ病ではないというものがある。しかし、この主張―うつ病はうつ病に対する治療法で治療するもの―は同語反復に陥っている。したがって、繰り返しになるが彼らの根拠となる主張は、結論を支えていないのである。

ユトレヒトの研究グループ（Van der Houwen et al., 2010）によれば、貧しい人、あるいは愛する人が亡くなった後に収入が減った人たちは、そうでない人たち――裕福な人、あるいは愛する人が亡くなってからも収入が減らなかった人――よりも感情面から言えば孤独な思いをし、また抑うつ状態にあることが分かっている。低収入や社会的な孤立は、もちろん悲嘆に起因する場合もあるだろうし、逆に、悲嘆、抑うつ、低収入などは孤独に起因する場合もある。ベッシー・スミス（1894-1937 アメリカの黒人女性歌手）が歌っているように、誰もあなたが落胆していることを知らないのである。さらに、貧困に陥り、収入が減るということは、明らかに愛着理論の想定外であり、思慕の段階と見なされることもない。

「死への準備教育とカウンセリング学会」（Association for Death Education and Counseling）の科学顧問調査会は、悲嘆とうつ病に関するこれまでの研究をまとめ、医師の見解を集めたうえで、以下のよ

墓地のろうそく

うな結論に至っている。

悲嘆とうつ病が同じものかあるいは違うものかという問いは、この領域が一〇〇年以上も取り組んできた理論的な問題であり、現時点で入手できる根拠だけではその問いに十分に答えることはできない。（Balk, Noppe, Sandler, & Werth, 2011, p.217）

死という避けられない現実がこの世界には存在しているので、悲嘆による抑うつは世界との関係であると言うこともできよう。多くの人は、悪いできごとは他人には起こるが、自分には起こらないと考えている。ジャノフ＝バルマンによれば、われわれが自分自身を善人で、注意深く、幸運だと思っているからである（Janoff-Bulman, 1989）。愛する人の死が受け容れられないとき、悪いことが自分自身にも起こり得る、また起こったという現実に向き合わなければならない。自分が立派ではなく、配慮に欠け、さらに不幸だと思うことは、気の滅入るものである。二人の赤ちゃんを亡くした女性は、私に次のように言った。

多くの人が、立派であれば悪いことは起こらないと考えながら日々の生活を送っています。私はそうした人にはただこう言うことにしています。「誰かに起こらなくてはならない」のだと。私はもはや教会で祈ったりはしません。行くことになっているから行くだけなのです。私が教会に行かなかったら、どうして子どもたちに行くよう言えるでしょうか。ですが、私は祈りません。祈りの最中、買い物リストを作っているのです。以前は祈っていましたし、神を近くに感じたこともありました。けれども、もはや祈りもしませんし、神を近くに感じることもありません。教会で私は何も感じないのですから。

これは愛する人が帰ってくることを願うどころの話ではない。世界に関する基本的な前提――この世界がどのように機能していて、この世界でわれわれがどれくらいの力を持っているのか――を再考しなければならなくなっているのである。遺族の中には人生の見通しを暗くする問いに答える人もいる。経営における「十分な信頼と信用」(full faith and credit)とは、ある団体が他の団体の元金や負債の利息を支援する無条件の保証で成り立っている。同じように、信仰(faith)というのは信頼(trust)を意味する。二人の赤ちゃんを亡くした女性がもはや教会で祈らないと言うとき、神の実在を信じないと言っているのではないだろう。もはや神を信頼しないと言っているのである。その女性が信頼を失っている状態に思慕の念を読み取ることができるかもしれないが、それはボウルビィの愛着理論で言われるような思慕を超えている。なお、彼女がもはや神を信頼しないということは、「信念」(belief)に関してだけではない。神を信頼しないということは、以前とは違い、彼女が別の世界に存在することを意味しているのである。

死別悲嘆に関する心理学研究は、たいてい抑うつの心理尺度を用い、実証的な研究者もある程度輩出してきた。独創性に富んだ論稿、「喪とメランコリー」（*Mourning and Melancholia*）においてフロイトが至った結論は、現代の研究者のものと類似している（現代的に言えば、タイトルは「悲嘆と抑うつ」と言い換えられるであろう）。フロイトによれば、悲嘆による抑うつと精神医学におけるうつ病の違いは、後者が自責の念にとらわれているのに対して、前者がたいていはそうでない点にある。もしそうでなければ、両者は現象学的にほとんど同じなのである。たとえわれわれがフロイト自身の観察から導き出された理論を認めないとしても、彼の観察自体は正しいと言えよう。悲嘆による抑うつにおいても自責の念を見いだすことはできるが、それは精神医学のうつ病における自責の念ほど大きくはない。悲しみに耐え抜くことは、しばしば後悔を、そしてときどき罪の意識——遺族がしたことやしなかったこと、あるいは言ったこと、言わなかったことなどいずれに対しても——、あるいは少なくとも、別の帰結に至っていたかもしれないという後悔を伴うのである。いずれにしても、フロイトは正しい。つまり、精神医学のうつ病は自責の念によって特徴づけられるが、悲嘆による抑うつはそうではない。それゆえ、思慕は「悲嘆」の中心において悲しみの一部を成しているが、「抑うつ」というより広いカテゴリーはより限定的なのである。もし、われわれが消えない悲しみを、潜在的に心身に支障をきたさないようなうつ病だと見なすならば、おそらくそれは正しい理解である。

悲嘆をとおして知る事柄は、はたして正しいのか？

悲しみの中心的な感覚は「真理値」（truth value：ある命題が真であるか、偽であるかを示す値）である。それは世界が真にどのようなものであるのかを教えてくれる。この真理値は、われわれが死別における理論や実践を考えたりする際に重要となる。もし悪い悲嘆が愛する人の生前の思い出にとどまろうとしたり、人生がうまくいっているという幻想を持ちつづけたり、故人のことばかり考えてしまうのであれば、そうした人に対しては現実を受け容れるよう説得する必要がある。実際にキューブラー・ロスのいう「受容」（acceptance）が、いかに一般の人々の悲嘆に関する議論において頻繁に用いられているかということである。遺族は悲嘆を乗り越えるよう促されるが、悲嘆に苦しむ人たちが自分の力で立ち直ろうとするのであれば、彼らの置かれている状況についてわれわれがとやかく言うのは、おせっかいに等しい。したがってわれわれは、悲しみや慰めを自分たちの理論に導入する前に、悲しみの捉え方を決めておく必要があるであろう。言い換えれば、ベックが抑うつ一般について主張するように、悲嘆による抑うつが思考障害（thought disorder）なのかどうかを判断しておかなくてはならない（Beck, Rush, Shaw, & Emery, 1979）。悲嘆の中心となる悲しみは、パラノイア（偏執症）の不安のように、単に異常な思考なのだろうか。

ある死別研究によれば、悲嘆による抑うつは異常な思考である。したがってカウンセラーの仕事というのは、そうした人々を思い違い（error）から助け出すことなのである。ここで、タルボットの研究を一例として挙げてみよう（Talbot, 1996–1997, 1997–1998）。タルボットは彼女自身も子どもを亡くしており、自分と同じ境遇にある遺親の研究を行った。タルボットは、子どもを亡くした親を二つのグループに分けている。それは、逆境に強い人と永遠に嘆き悲しむ人である。子どもの死を必死で受け容れようとするとき、深い悲しみにうまく対処できる人とそうできない人がいる。タルボットは次のように言う。「永遠に嘆き悲しむ母親たちに対して、子どもの死を乗り越えている母親たちの主な共通点は、もう一度人生に意味を見いだす能力を持っていることである」（Talbot, 1997–1998, p. 45）。つまり、永遠に続く悲嘆は新たな人生を切り開こうとするとき何ら意味や価値を持たないのである。

タルボットは、トラウマ後の成長や楽観主義に関する研究にも現れる価値や行動について、強い主張を行っている。その価値や行動とは、自尊心を持つこと、物事が自分次第だと思うこと、自分を大切にすること、役に立たない関係を断ち切ることなどである。逆境に強い女性は、「皆、自らの治療に責任を持っている」（Talbot, 1996–1997, p. 185）。それゆえ、タルボットに代表される死別研究では、悲嘆による抑うつには何ら真理値というものがない。悲嘆による抑うつを和らげる慰めを考慮する必要がないと彼女は考えているのである。

楽観主義を扱った神経学的研究には、悲嘆による抑うつが物事の本質を捉えており、思考障害ではないことを示すデータがある。楽観主義は脳活動に見いだすことができるのである。たとえば将来起こるかもしれないネガティブなできごとについて考えると、感情の処理に関わる領域は選択的に脳活動を弱める。また将来起こるかもしれないポジティブなできごとについて考えると、その領域は脳活動を強めるのである（Schacter & Addis, 2007）。ある研究で参加者に、車の盗難のような起きてほしくないことが現実に起こる可能性を予測させた（Izuma & Adolphs, 2011）。その際に、研究者は実際にそのできごとが起こる見込みも伝えた。この情報が良いとき（すなわち、それが起こる可能性が参加者の予測よりも低いとき）、参加者は見込みをより楽観的なものへと変更した。またそのとき、fMRIは前頭葉の働きが強まることを示したのである。逆にその情報が悪い場合（すなわち、それが起こる可能性が参加者の予測よりも高い場合）、楽観的な参加者たちは見込みをほとんど変更しなかった。そして、fMRIは前頭葉の働きが弱まることを示したのである。つまり、それは楽観的な参加者たちが悪い情報をほとんど処理しなかったことを意味する。したがって、楽観主義とは選択的にデータに注意を払わないことによって保たれているのである。

楽観主義研究における問いの一つは、楽観主義者や悲観主義者がどの程度、結果を予想しているのかということである。蓋を開けてみれば、楽観主義者とは将来のできごとを見越せない人であった。シャロットは、楽観主義者が結果よりも良い予測を立て、精神的に沈んでいる人たちは結果よりも深刻に予測すると言った（Sharot, 2011）。軽度のうつ病の人たちは、たいてい将来を正確に予測するのである。したがって、継続する悲しみを、心身に支障をきたさないうつの一形態と捉えるならば、悲しみに浸っているときの思考や感情といったものは真理値を持つように思われる。つまり、悲嘆はこの世界を正しく捉えているのである。

悲嘆の真理に寄り添ったウィリアム・ジェイムズ

楽観主義的な研究者は（自覚していないようであるが）、ウィリアム・ジェイムズが一世紀以上前に『宗教的経験の諸相——人間性の研究——』（James, 1902/1958）の中で述べたことを再評価している。ジェイムズは世界を構築する二つの方法、すなわち、「健全な心」（healthy minded）と「病める魂」（sick soul）を見いだした。ジェイムズであれば、病める魂の中に、果てしなく悲嘆に暮れる人を含めることをきっと厭わないであろう。健全な心と病める魂に関する彼の主張はタルボットのそれとかなりの点で共通しているが、ジェイムズはその両者を区別して用いている。決定的な差異は、「閾」（threshold）であり、そこにおいてこの世の悪（evil in this world）と魂の苦痛（pain in the soul）が、個々人の世界認識、また世界における位置づけや力などを決定する。「多血質で健全な心の人々は、ふつう、不幸境界線の陽のあたる側で暮らしているが、元気のない憂鬱な人々は境界線の向こう側で、暗黒と不安のなかで暮らしている」（p. 117; ウィリアム・ジェイムズ〔桝田啓三郎訳〕『宗教的経験の諸相（上）』岩波書店〔岩波文庫〕、一九六九年、二〇六頁）。ここでジェイムズが問いかけているのは、悪や死がはたして重要なのかどうかということである。

ジェイムズによれば、健全な心は、しばしば根拠に反することになるが、悪や死が決定的な要因をもたないと主張することで自らを擁護している。ジェイムズは宗教という用語を、組織化された信者

の集団としてではなく、世界の在り方の一つとして用いた。健全な心とは、

善が、たといそれが現世の生活の善であろうとも、善こそが、理性的存在者たる者の心すべき根本的事柄である、と考えるような宗教であった。この宗教は、宇宙の悪い面をかえりみることのないよう人間に命じて、その悪い面を心にとめたり重んじたりするのを組織的に禁じ、思慮ぶかい打算によって悪い面を無視させ、それどころか、時には、悪い面の存在を頭っから否定させるのである。つまり、悪は病気なのである。だから、病気のことでくよくよ気をもむのは、そのこと自体、また一つの病気であって、もとの病気をただ重くするだけのことである。(p. 112; ジェイムズ『宗教的経験の諸相(上)』、一九五頁)

病める魂とは、きまって「苦痛—閾」(the pain threshold) の他方の側に位置している。その閾の反対側へと飛び越えることとは、

私たちの日常のあらゆる喜びの源泉の核心に巣くっていた虫がその正体をすっかりあらわして、私たちは憂鬱な形而上学者になってしまう。……つまり、人生をまったく自然主義的にながめる見方は、それが初めにどれほど情熱にあふれていようとも、かならず悲哀に終わるのである。……たとい陽気な健全な心が、刹那に生き、悲惨なことを無視したり忘れたりする不思議な力を

もって、その最善をつくそうとも、なおその背景には、不吉なものが厳として存在していると考えられるのであって、その酒宴の席では、髑髏が歯をむき出してにやりと笑っていることだろう。(p. 121: ジェイムズ『宗教的経験の諸相（上）』、二一三―二一四頁)

ジェイムズにとって問題なのは、どの世界がもっとも住みやすいかということではない。しかし、絶望という深み――それが生まれもった性質によるのか、ぞっとするような人生経験によるのかは分からないが――を身をもって知っている人であれば、一時的には健全な心の楽観主義の方がより心地よいと感じるであろう。つまり問題は、健全な心と病める魂のどちらが人間の生き方や意識の幅広い観点を説明できるかということにある。ジェイムズによれば、健全な心の核をなしている本質的な悪や苦しみを否定することは、健全な心を幻想の上に打ち立てられた世界観にすることである。病める魂は、われわれが望むようにではなく、あるがままに世界を見ているのである。神経心理学の言葉を借りれば、健全な心よりも病める魂の方がより幅広い経験や情報を処理している。

健全な心が哲学的教説として不適切であることは疑いない。なぜなら、健全な心が認めることを断乎として拒否している悪の事実こそ、実在の真の部分だからである。結局、悪の事実こそ、人生の意義を解く最善の鍵であり、おそらく、もっとも深い真理に向かって私たちの眼を開いてくれる唯一の開眼者であるかもしれないのである。(pp. 137–138: ジェイムズ『宗教的経験の諸相（上）』、

二四七頁）

ジェイムズ――学問領域としての心理学の創始者の一人――が死別研究の楽観主義的な偏向をどう捉えるのかということをもはや知ることができないのは残念である。

思慕と同じように、抑うつは悲嘆の中心を成している。そしてそれは現に存在し、永続的である。確かに、人生をとおして愛する人の死を受け容れ、ポジティブな変化があったと感じる、または成長する人もいる。だがテデスキやカルホーンも注意を促したように、たとえわれわれがトラウマ後の成長を促す能力を持っていたとしても、悲嘆を乗り越えた人たちの望みが一般的な望みであると捉え違えてはならない。たとえトラウマ後に成長できた人であっても、改めて尋ねてみれば、彼らの中で悲しみは変わらず中心的な経験なのである。

慰め

それでは、遺族との関わりにおいて、成長の他に何を促すことができるであろうか。答えはこうである。われわれは遺族が慰めを見いだす手助けができる。われわれが慰めということについてまず考えるとき、それは絶望、落胆、悲しみのさなかの喜びや楽しみなどと定義されるため、矛盾した表現であるように思われる。したがって、慰めは、悲しみや苦悩を軽減こそすれ、取り除きはしない。

(慰めという)残念賞は(悲嘆に暮れる)敗者の手に渡るのである。サミュエル・ジョンソン(Samuel Johnson, 1709–1784 イギリスの文学者)は次のように言った。

> 慰めや癒しとは、われわれが十分に治療できない痛みを和らげることを意味する言葉である。慰めや癒しは負担を軽減するというよりもむしろ、忍耐力を高めることなのである。(Webster's Unabridged, 1913)

慰めに典型的な特徴は、心地よい感覚である。慰められることは、癒されることでもある。慰めとは、自己を超えた存在とつながっているという感覚の中で生じるのである。

人間関係における慰め

人が誰かを慰めるとき、慰めは人間らしさにあふれた形を取る。看護学が、苦しみを抱える人たちを慰める方法についてさまざまな考えを提供してきたことは驚くことではない。ベナーが指摘したように、慰めは「計画されることはほとんどなく、ケアプランでもほとんど提示されない」(Benner, 2004, p. 346)ため、軽視されることもある。患者を慰めるために看護師は、安心させる言葉(soothing words)、体に触れること(physical touch)、そばにいること(personal presence)や相手のためになること（availability）を実践する。

スカンジナビア人の看護師、ノールバーグ、バーグステン、ランダマンは次のように言った。「心を開くこと（openness）、そばにいること、相手のためになることを実践すれば信頼が生まれる。信頼関係を築いてはじめて、心の傷をあらわにすることができるのである」（Norgberg, Bergsten, & Lundman, 2001, p. 548）。したがって、誰かを慰めようとするなら、われわれがその人の抱える痛みを受け容れなくてはならない。彼らがインタビューしたある人の話では、そばにいることや相手のためになることは、「他者の苦境に自らが身を置き、そこにとどまることである。それが看護師一人ひとりにできるたった一つのことであり、その結果、おそらく共にいる（being present）ということについて話すことができる」（ibid., p. 549）。遺親は、誰かが「ただそこにいる」（being there）だけでいかに救いとなったかを述べることが多い。他者の苦境に自分自身が身を置くということは、遺族が経験している現実を同じように自分も経験することなのである。

慰める関係において、慰める人（the helper）と苦しんでいる人（the sufferer）は、「お互いに『そばにいること』と『相手のためになること』の交わる場において苦しみを共有している」（ibid., 2001, p. 548）。われわれが英語圏の死別研究において直接的な慰めを含めて捉えるように、ドイツ語圏で死別ケアにあたる人たちはわれわれにも役立つ言葉を有している。ドイツ語圏の人たちは、彼らが行っていることを *Trauerbegleitung* と表現する。英語ではそれに相当する単語はない。それは死別カウンセリングや死別サポートなどと翻訳されることが多いが、それでは重要な意味合いを見落としてしまっている。つまり *Trauerbegleitung* とは、文字通り、深く悲しんでいる人と「隣に並んで歩むこと」、「寄り添うこと」なのである。ノールバーグらは、遺族と共にいることを表現するために「交わり」(communion) という宗教用語を用いた。そこでは「交わり」が慰める人と苦しんでいる人の両者を、マルティン・ブーバー (Martin Buber, 1878-1965 オーストリア生まれのユダヤ系宗教哲学者) のいう「我―それ」の状態から「我―汝」へと至らせるのである。ノールバーグたちによれば、慰めるというケアは、ブーバーがいう意味での超越的なものなのである。

内なる資源からの慰め

慰めを理解する一つの方法は、ある人が誰かを慰めているという直接的な相互作用に目を向けることにある。しかし、慰めは内なる資源 (inner resources) からももたらされる。

おそらく、悲嘆に関する研究に慰めを再び導入すれば、心理学、社会学、哲学など他の枠組みで慰めを理解し、議論を交わす方法を見いだすことができるであろう。だが今のところ、内なる資源からの慰めを扱った研究は数少なく、そのほとんどが精神分析学に見られる。

看護学において、患者を慰めることは、ケアする人が幼児との関係で用いるような安心させる言葉をかけたり、体に触れたり、そばにいることの延長線上にあると言える。ウィニコットは、慰め――それは、人間らしい直接の相互作用とは区別される――が、人生の初期において安心感を与えるもの

（security blanket）のような子どもの「移行対象」（transitional object）であることを見いだした（Winnicott, 1953, 1971）。歩き始めたばかりの子どもは、母の存在感から得られる安心感を失った後、恐ろしい世界で一人の人間として生きることを学び始める。その移行対象は、子どもが新たな境遇に身を置いたり、不慣れな環境に適応しやすくする安心感を与える。ウィニコットによれば、文化的、芸術的、宗教的な象徴や神話に親しむ能力は、われわれが幼いころに持っていた移行対象の延長なのである。つまり、

> 現実を受け容れるという課題は、完全に達成されることはない。……誰も内面や外面の現実に関する緊張感から自由になることはできない。そして、……この緊張感からの解放は、その正当性が疑われることのない経験の中間域（芸術や宗教など）によって与えられる。（1971, p.13）

死別研究においてヴォルカンは、ウィニコットの「連結対象」（linking object）に関する研究を発展させた（Volkan, 1981）。生きている人は連結対象によって故人との続いていく絆を持ちつづけるのであるが、ヴォルカンはその連結対象を、遺族の人生において現在起こっている部分ではなく、移行部分と見なしたのである。

ホートンは、ほとんどの人が自身を慰める方法を有していることを発見した（Horton, 1981）。多くの人は癒しを必要とするとき、特別な場所の記憶、もうここにはいない人、音楽や芸術、理想的な世

界、聖なる存在の感覚といったものの助けを借りる。慰めはコミュニティに有意義に参加するうえで必要であるように思われる。臨床実践においてホートンは、精神疾患を抱えた犯罪者が日々の生活でほとんど慰めの感覚を持っていないことも明らかにした。

私は以前、遺親が子どもとの絆を持ちつづけるにつれて慰めを見いだすプロセスを詳細に述べた（Klass, 1988, 1999）。ヴァレンティン、フォスターら、また他の研究者も、同様の研究を発展させている（Valentine, 2008; Forster et al., 2011）。だが悲しみにおいて慰めを見いだすことは、続いていく絆に限った話ではない。実際に、続いていく絆がより広範な慰めとつながりを持つことはよく見られる（Goss & Klass, 2005を参照）。私が息子を亡くした知人におくやみのはがきを送ったとき、それに対する返事の中で彼は、深く傷つきはしたが、「キリスト教を信じていて幸運だった」と語った。ミサに加わり、祈りをささげたとき、彼は愛する神によって安心感を得たように感じたのである。また同時に、彼は息子との続いていく絆を感じていた。ボウルビィの死後、彼の妻、アースラは次のように書いている。「私はジョンが（風や海、丘や花と共に、全くの自由な世界へと）広がっていくのと同時に、私の心の中に入り込んでくるのを感じている」（U. Bowlby, 1991, p.5）。まさに今、悲嘆に暮れる人が彼らにとっての慰めである信仰について語るとき、それは、テデスキらが言うように、新たな現実に従来の世界観を適応させるという意味での問題解決に集約されない。彼らは今日、スピリチュアルと一括りにして語られるさまざまな現実において感じている「そばにいること」や「相手のためになること」についても語るのである（Bregman, 2006を参照）。

慣れない環境に身を置く子どもは、安心感を与えてくれるものを持つことで落ち着くことができる。同じように、悲嘆による抑うつを経験する人は、空間や時間を超越した何かの一部であるという感覚に慰めを見いだすことが多い。安心感を与えてくれるものから子どもが得る慰めとは、ピアジェのいう感覚運動期（〇歳から二歳にかけての知的発達段階）に見られるものである。多くの大人はこの感覚運動期に自己を超えた存在（transcendent reality）との絆を獲得するが、具体的操作期（六歳前後から一一歳前後にかけての知的発達段階）と形式的操作期（一二―一三歳から一四―一五歳にかけての知的発達段階）には、ほとんどの人がより微妙な感情を伴いながらそのつながりを深めるのである。日常を超越したものとの癒しに満ちたつながりは、理想の父や母のように具体的な神であり得るし、バッハのフーガのように抽象的な神でもある。われわれはボエティウスの『哲学の慰め』（1897）――彼が公判と死刑執行を待ち受けている間に書いた――に再び目を向けてもよいかもしれない。それは、確かなものが何もないと思われる世界において、いかに理想的な心の世界がボエティウスを落ち着かせたのかを知ることができる。遺族は、部族や国家の一員であるというアイデンティティに、また個人を超えたアイデンティティに、慰めを見いだすのである。以前に指摘したことであるが、ファンタジーの中でも、アクションの中でも、復讐（revenge）というものは何か否定的な慰めである（Klass, 1999）。

したがって、慰めにおける「自らを超えた存在」の感覚は多面的である。その感覚は、さまざまな方法で、またピアジェの知的発達の四段階において経験されるものなのである。われわれが遺族の慰めに耳を傾け、最終的にそれを評価しようとするとき、彼らの人生における広範かつ複雑な「自らを超えた存在」に目を向ける必要があるであろう。

悲しみに向き合うもう一つの方法

悲嘆による長期的な抑うつ症状を死別研究に含めるならば、慰めを見いだすことが悲嘆による抑うつに向き合う唯一の方法ではないことが分かるであろう。ゴスと私がキリスト教からチベット仏教へ改宗したアメリカ人にインタビューをしたとき、そこで悲嘆による抑うつに向き合うための別の方法を耳にした（Goss & Klass, 2005, 2006）。その改宗者によれば、悲嘆における真理は、「枕の上で」（"on the pillow"）（すなわち、瞑想において）見いだすのと同じ真理である。それとともに、彼らは悲嘆に暮れる心は間違っていないと言ったのである。無常とは仏教の教えの核心である。四聖諦における苦諦とは、人生がすべて苦だということである。悲嘆の苦しみを知り生きるとき、そのアメリカ人の仏教者は無常や自己のはかなさを知っている。つまり、仏教者にとって悲嘆は、悟りへの通過点となり得るのである。だがこの仏教的な方法は、現在行われているほとんどの悲嘆介入の範疇を超えている。われわれがインタビューした仏教者たちは、愛する人の死や悲嘆を経験する前に、瞑想を長年実践していたのである。実際に、仏教の伝統において、僧侶や尼僧が悲嘆に向き合う際の密教的な方法（the esoteric way）は、顕教的な方法（the exoteric way）とは異なる。たとえば、日本の禅寺で祖先祭祀をとおして生者が死者とつながりながら生きることは、西洋人を魅了してやまない悟りを志す修行とはかなり異なっているのである（Goss & Klass, 2005を参照）。

密教は、深い悲しみに向き合うただ一つの方法かもしれない。死別研究やその実践において、もし悲嘆による抑うつとその慰めを包括して捉えることができるようになれば、われわれは悲しみに向き合うもう一つの方法――ジェイムズのいう「深い真理に向かって私たちの眼を開いてくれる開眼者」（1902/1958, p. 138; 邦訳 二四七頁）――をはっきりと認めることになるであろう。

悲しみはとどまる

私は、従来の死別研究が前向きな結果を見いだすことに焦点を当ててきたばかりに、深刻かつ長期的な悲嘆に見られる中心的な現象、すなわち、悲しみと慰めを軽視してきたことを論じた。実際に、悲しみは悲嘆をよく表す特徴であり、慰めは昔から悲しみを和らげる役目を果たしてきた。悲しみには二つの要素がある。故人への思慕と悲嘆による抑うつである。慰めは、人間関係をとおして、また内なる資源から悲しみに向き合う。内なる資源とは、親なる神、国家の市民としてのアイデンティティのように具体的なものであり、バッハのフーガのように抽象的なものである。悲嘆による抑うつが、ジェイムズがいう「深い真理に向かって私たちの眼を開いてくれる唯一の開眼者」になるのである。死別研究が扱う悲嘆に関する前向きな解決は、望ましい目標（good goals）ではある。しかし、悲しみは消えることなく、慰めになるのである。死別を研究する者が悲しみに真剣に向き合い、悲嘆に暮れる人の成長を助ける一つの方法として慰めを捉えてはじめて、死別研究はより盤石なものになるであろう。

参考文献

Balk, D. E., Noppe, I., Sandler, I., & Werth, J. (2001). Bereavement and depression: Possible changes to the Diagnostic and Statistical Manual of Mental Disorders: A report from the Scientific Advisory Committee of the Association for Death Education and Counseling. *Omega, Journal of Death and Dying, 63,* 199–220.

Beck, A. T., Rush, J. A., Shaw, B. F., & Emery, G. (1979). *Cognitive Therapy of Depression.* New York, NY: Guilford Press.

Benner, P. (2004). Relational ethics of comfort, touch, and solace —Endangered arts. *American Journal of Critical Care, 13,* 346–349.

Boethius. (1897). *The Consolation of Philosophy* (H. R. James. Trans.) London, UK: Elliot Stock. Retrieved from http://www.gutenberg.org/ebooks/14328.

Bergman, L. (2006). Spirituality: A glowing and useful term in search of a meaning. *Omega, Journal of Death and Dying, 53,* 5–26.

Bowlby, J. (1961). The processes of mourning . *International Journal of Psychoanalysis, 42,* 317–340.

Bowlby, J. (1980). *Attachment and Loss:* Vol. 3. *Loss: Sadness and Depression.* New York, NY: Basic Books.

Bowlby, U. (1991). Reactions to the death of my husband. *Bereavement Care, 10* (1), 5.

Cobb, S., & Lindemann, E. (1979). Neuropsychiatriastic observations after the Coconut Grove fire. In E. Lindemann (ed.), *Beyond grief: Studies in Crisis Intervention* (pp.47–58), New York, NY: Jason Aronson.

Field, N.P., & Filanosky, C. (2010). Continuing bonds, risk factors for complicated grief, and adjustment to bereavement. *Death Studies, 34,* 1–29.

Field, N.P., & Wogrin, C. (2011). The changing bond in therapy for unresolved loss: An attachment therapy perspective. In R.A.Neimeyer, D.L.Harris, H.R.Winokuer, & G.Thornton (Eds.), *Grief and Bereavement in Contemporary Society: Bridging Research and Practice* (pp.37–46). New York, NY: Routledge.

Forster, T.L., Kilmer, M.J., Davies, B., Dietrich, M.S., Barrera, M., Fairclough, D.L., Vannatta, K., & Gerhardt, C.A. (2011). Comparison of continuing bonds reported by parents and siblings after a child's death from cancer. *Death Studies, 35,* 420–440.

Goss., R.E., & Klass, D. (2006). Buddhism and death. In K.Garces-Foley (Ed.), *Death and Religion in a Changing World* (pp.69–92). Armonk, NY: M.E.Sharpe.

Goss., R.E., & Klass, D. (2005). *Dead but not Lost: Grief Narratives in Religious Traditions.* Walnut Creek, CA: AltaMira.

Ho, S.M.Y., Chow, A.Y.M., Chan, C.L.W., & Tsui, Y.K.Y. (2002). Assessment of Grief among Hong Kong Chinese: A preliminary report. *Death Studies, 26,* 91–98.

Horton, P.C. (1981). *Solace, the Missing Dimension in Psychiatry.* Chicago, IL: University of Chicago.

Izuma, K., & Adolphs, R. (2011). The brain's rose-colored glasses. *Nature Neuroscience, 14,* 1355–1356.

Janoff-Bulman, R. (1989). Assumptive worlds and the stress of traumatic events: Applications of the schema construct. *Social Cognition, 7,* 113–136.

James, W. (1958). *The Varieties of Religious Experience: A Study in Human Nature.* New York, NY: Mentor.

(Originally published in 1902.) ウィリアム・ジェイムズ（桝田啓三郎訳）『宗教的経験の諸相（上）』岩波書店（岩波文庫）、一九六九年。

Klass, D. (1988). *Parental grief: Solace and resolution.* New York, NY: Springer.

Klass, D. (1999). *The Spiritual Lives of Bereaved Parents.* Philadelphia, PA: Brunner / Mazel.

Klass, D. (2006a). Complex bonds: A personal-professional narrative. In R. S. Katz & T. A. Johnson (Eds.), *When professionals weep: Emotional and counter-transference responses in end-of-life care* (pp. 203–217). New York, NY: Routledge.

Klass, D. (2006b). Continuing conversation about continuing bonds. *Death Studies, 30,* 1–16.

Klass, D., Silverman, P. R., & Nickman, S. L. (Eds.). (1996). *Continuing Bonds: New Understandings of Grief.* Washington, DC: Taylor & Francis.

Lindemann, E. (1979). Symptomatology and management of acute grief. In E. Lindemann & E. Lindemann (Eds), *Beyond Grief: Studies in Crisis Intervention* (pp. 50–78). New York, NY: Jason Aronson. (*Reprinted from American Journal of Psychiatry, 101,* (1944), 141–148)

Norberg, A., Bergsten M., & Lundman, B. (2001). A model of consolation. *Nursing Ethics, 8,* 544–553.

Parkes, C. M. (1972). *Bereavement: Studies in Grief in Adult Life.* New York, NY: International Universities Press.

Prigerson, H. G., Vanderwerker, L. C., & Maciejewski, P. K. (2008). A case for inclusion of prolonged grief disorder DSM-V. In M. S. Stroebe, R. O. Hansson, H. Schut, & W. Stroebe (Eds.), *Handbook of Bereavement Research and Practice: Advances in Theory and Intervention* (pp. 165–186). Washington, DC: American Psychological Association.

Simonds, W., & Rothman, B. K. (1992). *Centuries of Solace: Expressions of Maternal Grief in Popular Literature.* Philadelphia, PA: Temple University.

Schacter, D. L., & Addis, D. R. (2007). The optimistic brain. *Nature Neuroscience, 10,* 1345–1347.

Shear, M. K., Boelen, P. A., & Neimeyer, R. A. (2011). Treating complicated grief: Converging approaches. In R. A. Neimeyer, D. L. Harris, H. R. Winokuer, & G. Thornton (Eds.), *Grief and Bereavement in Contemporary Society: Bridging Research and Practice* (pp. 139–162). New York, NY: Routledge.

Sharot, T. (2011). *The Optimism Bias: A Tour of the Irrationally Positive Brain.* New York, NY: Pantheon.

Stroebe, W., Abakoumkin, G., & Stroebe, M. (2010). Beyond depression: Yearning for the loss of a loved one. *Omega: Journal of Death and Dying, 61,* 85–101.

Talbot, K. (1996–1997). Mothers now childless: Survival after the death of an only child. *Omega: Journal of Death and Dying, 34,* 177–189.

Tedeschi, R. G., & Calhoun, L. G. (2004a). Posttraumatic growth: Conceptual foundations and empirical evidence. *Psychological Inquiry, 15,* 1–18.

Tedeschi, R. G., & Calhoun, L. G. (2004b). The foundations of posttraumatic growth: New considerations. *Psychological Inquiry, 15,* 93–102.

Tedeschi, R. G., & Calhoun, L. G. (2006). Time of change: The spiritual challenges of bereavement and loss. *Omega: Journal of Death and Dying,* 53 (1–2), 105–116.

Valentine, C. (2008). *Bereavement Narratives: Continuing Bonds in the Twenty-first Century.* London, UK: Routledge.

Van der Houwen, K., Stroebe, M., Stroebe, W., Schut, H., Van den Bout, J., & Wijngaards-de Meij, L. (2010).

Risk factors for bereavement outcome: A multivariate approach. *Death Studies, 34,* 195–220.

Volkan, V. (1981). *Linking Objects and Linking Phenomena: A Study of the Forms, Symptoms, Metapsychology, and Therapy of Complicated Mourning.* New York, NY: International Universities Press.

Winnicott, D. W. (1953). Transitional objects and transitional phenomena. *International Journal of Psychoanalysis, 34,* 89–97.

Winnicott, D. W. (1971). *Playing and Reality.* New York, NY: Basic Books.

Zech, E., & Arnold, C. (2011). Attachment and coping with the insecurely attached. In R. A. Neimeyer, D. L. Harris, H. R. Winokuer, & G. Thornton (Eds.), *Grief and Bereavement in Contemporary Society: Bridging Research and Practice* (pp. 23–36). New York, NY: Routledge.

第3章
中国人遺族の経験
——彼女は、私たちの新しい家を準備するために天国に行っただけだと思います。——

セシリア・チャン，エイミー・チョウ，
サミュエル・ホー，イェニー・ツイ，
アグネス・ティン，ブレンダ・クー，
エレイン・クー

CECILIA L. W. CHAN, AMY Y. M. CHOW, SAMUEL M. Y. HO, YENNY K. Y. TSUI, AGNES F. TIN, BRENDA W. K. KOO, ELAINE W. K. KOO

（赤塚 京子 訳）

私の母の人生は苦いものでした……でも、亡くなる前に、甘いものを味わった。きっと次に生まれ変わった時には、甘い人生を送るはずです。

良いお別れを

人種や文化に関係なく、愛する者を亡くす痛みは耐えがたいものである。だからこそ、悲嘆は世界共通の経験と考えられてきた。しかし、そうした経験への反応や対処の仕方は、さまざまな儀礼や信仰、家族の習慣を通じて形づくられたものである。

Rosenblatt は、死別体験の中で文化的差異をきわだたせる側面を示した。すなわち、死別とともに失くしてしまったものについての理解、死にまつわる儀礼、未来に続く遺族と故人との関係性の構築、そして悲嘆そのものの表出である。Rosenblatt は、それぞれの文化において、どのようにして悲嘆を経験し表出する方法が生み出されるのかを正しく理解するために、異なる文化にみられる多様な反応を探究し区別することが異文化研究の目的であると述べた（Rosenblatt, 2001）。そこで我々は、悲嘆の表出や経験が文化特有のものであるという見解を検証するために、今回、中国人の死別体験に関する研究に着手することにした。

大きな注目を集めていると思われ、また、近年の多くの悲嘆研究における中心的な二つのテーマがある。一つは、Neimeyer の、「悲嘆の中心的プロセスとしての喪失への反応における意味構築」（Neimeyer, 2002, p.4）である。そしてもう一つは、Klass らの考え方、つまりグリーフワークのゴールとして手放す（letting go）という概念が広く認識されているのとは対照的に、遺族による故人との関係性維持を強調することである（Klass, Silverman, & Nickman 1996）。我々は、こういった考え方が、中国人の経験の中にいかに反映されているのかということに関心を持った。

香港の中国人の死別体験に関する体系的な報告は、ほとんど見られない。近年の研究をあげると、研究者であると同時に、遺族カウンセリングを通じて悲嘆について学んでいる臨床医 Chan と Chow からの報告がある。彼らは香港の未亡人グループの経験について記述している。その中で、悲しみとほとんど同じ意味で、死別を表す中国語、*Bei Shang* が使われていたことを指摘している。哀悼を述べるのに広く用いられている中国語は、*Jie Ai Shun Bian*（「節哀順変」）「**泣くのはおやめなさい、流れに身をまかせるのよ**」であり、文字どおり、涙をこらえて変化を受け入れることを意味する。こうした前提に基づいたうえで、死別カウンセリングの目的は、悲しみを抑え、痛みを減らすこととされてきた。しかし遺族からすれば、愛する者を失って感じる痛みはこのまま永遠に続くように思われたし、痛みの激しさと故人への愛情とは一体化もしていた。彼らは、死別カウンセリングがこの痛みを取り払うことで愛する者への愛情も奪われるのではないかと恐れるあまり、カウンセリングについて考える準備ができずにいた。Chan と Chow は、死別カウンセリングに対する新たな見方になることを願って、*Shan Bie*（「良いお別れ」（good separation））という概念を導入した（Chan & Chow, 1998）。

Chow らは、カウンセリングでの遺族による語りやそれを文字に起こした記録からの引用も含めて経験を記述した（Chow, B. W. S. Koo, E. W. K. Koo, & Lam, 2002）。臨床家以外による研究としては、Cheng と Ma によるものがある。彼らは、ストレスとソーシャルサポート、そして配偶者を失った者のＱＯＬ（quality of life）の関係性についての調査を香港で実施し、死別後のさまざまな時期に遺族が直面するストレスを明らかにした（Cheng & Ma, 2002）。Hoらは、香港の中国人にみられる悲嘆を測定するための予備的な尺度を開発した。その尺度、悲嘆反応アセスメントフォーム（GRAF: the Grief Reaction Assessment Form）は、心理測定において妥当性と信頼性のあることが検証された（Ho, Chow, Chan, & Tsui, 2002）。PangとLamの研究では、妻を亡くした四名の男性を対象に葬送儀礼の機能について予備的調査が実施された。儀礼が遺族の慰めとなっていることが明らかになり、故人との続いていく絆の維持にも関係していた（Pang & Lam, 2002）。NeimeyerとHoganは遺族の経験を研究するにあたり、さまざまな方法を用いることを支持してきた。彼らは、遺族に関するインタビュー調査と同様に、アンケート調査によるデータも評価している（Neimeyer & Hogan, 2001）。そして、喪失の「真の」専門家である遺族に対して敬意を払っているのである（Neimeyer & Hogan, 2001, p. 113）。Stroebeらもまた、アンケート調査の前に、インタビュー調査によって遺族の体験を緻密に考察することを推奨している（M. S. Stroebe, Hansson, W. Stroebe, & Schut, 2001）。この考え方に従って、我々はインタビュー調査という方法を用いて中国人遺族に関する研究を開始した。本稿ではその初期段階で明らかになったことを報告したい。我々は、中国人遺族が、どのように死や死別体験に意味を見出しているのか、また、中国の伝統的かつ文化的信仰が、こうした意味の形成にどのように影響しているのかを把握したい。さらに、遺族が故人との続いていく絆をどのように発展させ、維持しているのかについても関心がある。以上をふまえてここでは、今後、遺族の経験にみられる中国文化の影響について研究していくうえで基盤となるものを提示したい。

方　法　論

――遺族がカウンセリングを受けるには勇気が必要である　研究実施場所と協力者――

この研究は、中国の香港にあるホスピス・ケア推進協会（the Society for the Promotion of Hospice Care）、ジェシー・アンド・トーマス・タム・センター（JTTC: Jessie and Thomas Tam Centre）で実施された。ここは、この地方における初の地域密着型の死別カウンセリングセンターであり、個別カウンセリング、グループカウンセリング、記念集会、教育プログラムを含む多様な死別カウンセリングを提供している。ＪＴＴＣは一九九七年末の開設以来、一四〇〇の家族に対してその役目を果たしてきている。二〇〇一年にこの研究を開始した時、既にセンターは五〇〇以上の家族にカウンセリングを提供していた。当初、我々はこの中から協力者を募ろうと計画していた。ところが、実際にそのうちの何名かに連絡をとってみたところ、ほとんどの者から研究への参加を断られてしまった。彼らにしてみれば、研究に必要な情報は既にカウンセリングの時間の中で共有したではないか、というわけである。代替手段として、協力者というかたちでＪＴＴＣの新しい事例を取り上げることも考えたものの、倫理的配慮からその考えを断念した。通常、遺族がカウンセリングセンターを訪れるには、相当な勇気が必要である。研究のためにそれ以上の要求をすることは、多少なりともプレッシャーとして受け取られてしまう。我々はこの葛藤を考慮し、先に述べたカウンセリングを受けていたＪＴＴＣ

の五〇〇名のクライアントに立ち返ることにした。我々は、既に利用可能な五〇〇名のデータベースの情報を分析することで、悲嘆経験の不要な再検討や、当時を振り返ることで生じるバイアスを減らしている。JTTCの五名の死別カウンセラーに、過去の全てのクライアントのケースを見直してもらい、個別カウンセリングを三回以上受けた者を特定してもらった。その際、一八歳以下のクライアントは対象外とした。また、文書記録があまり参考にならなかったので、撮影や録音の同意が得られなかった者も対象から除いた。さらに、守秘義務により、サービス終了後二年経過したクライアントのビデオや音声記録がJTTCによって破棄されることになっていることから、二年以上前にサービスを受けた者は自動的に除外されている。最終的に、六〇名のクライアントがこの研究の対象となった。そして、研究目的でカウンセリングの記録を見直すことに対して同意を得るため、彼らに連絡をとった。連絡先が変更されていた八名を除いた結果、我々の研究のために記録を使用することに同意してくれた遺族は五二名となった。

表3-1は、協力者の基本的属性について表わしたものである。男性に比べ女性の方がサービスを受けにセンターを訪れていたということもあり、男女比は約一：四であった。彼らの半分以上が配偶者を亡くしており、それ以外の者は親や子ども、兄弟を亡くしていた。四分の一の者が祖先崇拝を行っていたにもかかわらず、集団全体のおよそ半分が宗教と自分との関わりを認識していなかった。

表3－1　協力者の基本属性について

属　性	(*n*)	(%)
性　別		
男　性	11	21.15
女　性	41	78.85
誰を亡くしたか		
夫	22	42.31
妻	5	9.62
母	6	11.54
父	6	11.54
息子	4	7.69
娘	5	9.62
兄弟	2	3.85
姉妹	1	1.92
その他	1	1.92
故人の死因		
慢性疾患	26	50.00
急性疾患	11	21.15
事　故	6	11.54
自　殺	9	17.31
学　歴		
高校卒業以上	27	51.92
小学校卒業以下	20	38.46
不　明	5	9.62
宗　教		
無宗教	23	44.23
伝統的な祖先崇拝	13	25.00
仏　教	5	9.62
キリスト教	11	21.15

インタビュー

カウンセリングにおけるインタビューは、研究で行うものとはかなり異なるといえよう。しかし我々は、研究のためにこれらのデータを用いることに対して不安はなかった。というのも、カウンセリングセンターが、McKissockらによって提唱されたモデルを採用していたからである（D. McKissock & M. McKissock, 1998）。このモデルにおけるカウンセリングプロセスの中には、誓約（engagement）、契約（contracting）、再考（reviewing）、そして終結（closure）という計画に沿った課題が含まれている。カウンセリングプロセスを構成する中心的な要素は、探究（exploration）と促進（facilitation）である。その際、死の間際の経験から始まり、死の瞬間、葬儀、そしてそれ以降（葬儀の後からインタビューまでの間）と続いていく死別のプロセスに沿った一連の経験に焦点が当てられている。後者の構成要素（促進）は、遺族に故人との思い出を想起させ、叶わなかった故人の夢を共有させることを重視している。さらなるカウンセリングでは、死別体験に対するクライアント自身の関心に比重が置かれる。センターのカウンセラーたちは、ロジャース派のクライアント中心アプローチに大いに影響を受けていた。したがって、カウンセリングの内容は、続いていく絆の維持と死別プロセスの理解に焦点化した緻密な半構造化インタビューに対応していたといえよう。

データ分析の方法

協力者五二名のうち、全てのカウンセリング内容が映像や音声で残っていたのは、一〇名のみであった。そして、これら一〇名の記録を分析のために書き起こした。研究の第一段階では、一〇名分の書き起こされた記録の中にあるテーマを発見することに重点的に取り組んだ。Silverman が示唆しているように、臨床医の文化は研究者のそれと異なるものといえよう（Silverman, 2000）。そこで、我々は、研究者のチームと臨床医のチームを一つずつ構成し、協力体制を作った。そして、テーマを抽出したり、思考を明確化したりするにあたって、両チーム間で継続的に対話をするという Silverman の考えを採用しながら、両チームでの正式なミーティングを三回実施した。さらに、残り四二名の遺族の面談記録はもちろん、部分的な映像・音声記録についても検討を行い、これらのデータにも同じ

表3－2　抽出されたテーマ

主題とサブテーマ
意味付け
死の原因
死の瞬間に目の当たりにしたもの
故人の死後の生
死別後の遺族の人生
行われた儀礼
絆の継続
故人の主導によるもの
遺族の主導によるもの
サポート
具体的／道具的なサポート
精神的なサポート
社会的なサポート
感情的なサポート
スピリチュアルなサポート
死別経験後
身体的変化
社会的変化
感情的変化
スピリチュアルな変化

テーマがはっきりと見られるかどうかを調べた。これに加えて臨床医には、彼らの記憶が我々の知見を裏づけるかどうかを検証するよう依頼した。合計五二名の記録を分析対象とした。データ解釈における個人のバイアスを減らすため、互いの報告をし合うミーティングを、大学の研究者とセンターの遺族カウンセラーを含めたチーム全体でさらに二回行った。Silvermanは、遺族との連携の中に存在する三つ目の文化について言及している。彼女は、これらが全世界に共通する人間の経験であることを我々に思い出させるのである。こういったミーティングのおかげで、我々は、自身の経験や研究している対象への反応について熟考することができ、これらがデータの解釈にどのように貢献したかについて確かめることができた。

　表3－2で示したように、意味づけに関するテーマは、さらに五つのサブテーマに分類されている。具体的には、死の原因、死の瞬間に目の当たりにしたもの、故人の死後の生、死別後の遺族の人生、そして行われた儀礼のことである。

死の原因
――夫の命を奪っていった病気の一番の原因は、悪い風水でした――

事実上の、あるいは明確な死因（たとえば、病気や事故）が明らかになってもなお、遺族は死の原因を昔ながらの信仰である運命や風水などの観念に沿って分類しようとしていた。詳細は表3-3に示している。一般的に、死は悪いものとして考えられているので、大抵は否定的な意味合いを含んでいる。とはいえ、協力者の中には、死に瀕した患者が穏やかで苦しまなかったことから、死を肯定的に認識している者がいた。最適な時期に訪れるという理由で、死がよいものとして捉えられていた事例もあった。よい死の概念については他節で議論を深めたい。協力者の半数以上は、死を運命的なものとして考えていた。また、仏教徒であると回答したのが五名のみであったにもかかわらず、十五名もの協力者が仏教の概念である業（*karma*）(1)を用いて死の原因を説明していた。この伝統において、死というものは、故人の生前の、時には前世の行いの悪さの結果としてみなされていた。協力者のAさんは次のように述べている。

私の夫は、多くの慈善事業を手掛けるような善良な人間です。彼が早くに亡くなってしまったのは、きっと前世での行いの悪さが原因でしょう。これで借りを返したのですから、彼の来世は素晴らしいものになるはずです。

表3-3　死の原因についての意味づけ

カテゴリー	肯定的な評価	否定的な評価
運　命	5	23
業	3	12
家族間での運命の衝突	2	6
風　水	1	6
悪　霊	0	9

九名の遺族は、死が「病の気」(2)（Sick *qi*）の影響によってもたらされると考えていた。彼らは、不運な人々に移っていく気の流れとして病気を捉えていた。道教では、病気は精霊や亡霊によって引き起こされるものとして考えられている（Cheung, 1986）。さらに、不運な人々は、より悪霊を惹きつけやすいとされている。先に述べた九名の中には、より運命論的に、病気を、故人の人生にあらかじめ運命づけられていた道のりの一部として捉える者もみられた。何名かは、彼らの人生において既に定められていた故人との関係（*yuan*）が終わったと確信していた。同様に、環境的要因が原因とされることも時折みられた。悪い風水（*feng shui*）、つまり、生活環境における特性の不調和も、死の原因として考えられていた。協力者のBさんは、こう述べている。

夫は、ずっと元気だったんです。私は、墓地に面した部屋を購入したことを後悔しました。最初は、こんなに広い部屋がなんて格安で手に入るのだろうと思いました。夫の命を奪っていった病気の一番の原因は、悪い風水でした。

遺族のうち八名は、自分こそが死の原因であったと考えていた。彼らは運命の衝突（*Clashes of fate*）

を信じていた。これは、ある者の生と他の者の生とがぶつかった結果、弱い方が死んでしまうということである。何人かの遺族、特にわが子を亡くして悲嘆に暮れる親たちは、死を自らの悪い行いに対する罰であると考えていた。

死の瞬間
――主人は逝く前、ただただ息子の到着を待っていた――

「よい」または「妥当な」死として理解されているものには、それが帰属している文化の主観的な定義が含まれている。死の瞬間に目の当たりにしたものへの意味づけとして、家族の立会い、とりわけ長男や配偶者によるものは、最も頻繁に語られている（表3-4を参照）。立会人としての息子がいなければ、父の死は不幸の元凶となる。亡くなる際に枕元から離れてしまったことに対する非常に強い罪悪感について語る遺族もみられた。

たとえ、それまでずっと献身的に患者を世話してきたとしても、死の瞬間に立ち会わないことは、彼らにとって罪のようなものであった。協力者のCさんは、こう述べている。

主人が息を引き取る前に長男が到着した時は、ホッとしました。きっと主人は逝く前、ただただ息子の到着を待っていたんだと思います。

表3－4　死の瞬間に目の当たりにしたものへの意味づけ

カテゴリー	肯定的な評価	否定的な評価
死の瞬間における家族の立会い	13	13
死の瞬間における故人の様子	10	14
死にゆく患者の身体的状態	10	12
故人がやり残したこと	10	8
故人の年齢	3	16

他方、協力者のDさんはこう言っていた。

あんな大事な時に家に戻るべきではなかったわ。まさか、彼がそんなに早く亡くなってしまうとは思いもしなかったし、ぐっすり眠っているように見えたの。ナースからだって、何の注意もなかったのよ！　見送りもせず彼を逝かせてしまったことに、強い罪悪感を覚えているわ。

遺族は、死の瞬間の故人の表情にこだわる傾向がある。それこそが、故人が味わった苦痛のレベルを推し測る基準なのである。安らかな顔つきが苦痛のない死を示すのに対し、苦しそうな表情は死にゆく過程が苦痛に満ちていたことを意味する。遺族は、故人にとって「よい」死の手助けをしてやれなかったと悟った場合、罪悪感と自責の念に打ちのめされるであろう。もし、亡くなった者の口が少しでも開いていれば、言い残した言葉があったと解釈される。同様に、瞳が閉じていなければ、それは死にゆくことに対する無念さの表れとして理解される。満腹であることも「よい」死にとって重要な条件といえる。もし空腹であったなら、故人は「餓鬼」に変わってしまうのである。ある遺族は、大変ユニークな解釈によって母親の死が「よい」死であったと考えていた。というのは、協力者Eさんの母親が亡くなる少し前に、看護師が鼻からチューブを通して母親にブドウ糖を投与していたのである。Eさんは、詳しく述べている。

私の母の人生は苦いものでした……でも、亡くなる前に、甘いものを味わった。きっと次に生まれ変わった時には、甘い人生を送るはずです。

同様に、他にも、亡くなる間際に父親をお風呂に入れてあげられたことが嬉しかったと述べた遺族がいる。彼女にとって、入浴とは人生における悪いものを洗い流すことを象徴していたため、父親も次の新たな人生を始められると考えられたわけである。

ここまでは死にゆく患者の身体的状態をみてきたが、これ以外に協力者が語ったテーマとしては、故人のやり残したことや故人の年齢があげられる。協力者のFさんが次のように述べている。

妻が亡くなったとき、彼女を失う痛みを感じることはありませんでした。でも、隣のベッドの患者から、子どもを育て上げるという大仕事を残した女性が若くして亡くなってしまうのを目の当たりにするのは辛いね、って言われた時だけは、剣で心臓を突かれたような気持ちになりました。

死後の生

――もし、自殺しようものなら、天国に行って彼女と会うチャンスはなくなるんですから――

中国文化には、あの世への強い信仰がある。通常、遺族は故人の来世に関しての観念を共有しながら、非常に多くの時間を過ごす。表3-5は、こういった観念をリストアップしたものである。ほとんどの者は、あの世で故人が行き着くところについて前向きな捉え方をしている。天国にいる故人について語る時（数人の者にとって、このことは故人が自由に飛びまわっていることを意味していた）、彼らはとてもリラックスして落ち着いているように見えた。天国を信じているクリスチャンにとって、そこには再会の希望があるといえる。協力者Gさんが、次のように語っている。

彼女は、私たちの新しい家を準備するために天国に行っただけだと思います。私たちは、すぐに再会するでしょう！　私は、確実に天国に行くことができるように、出来る限りきちんと行動することを心がけています。だから、自殺なんてしません。もし、自殺しようものなら、天国に行って彼女と会うチャンスはなくなるんですから。

キリスト教は、あの世について楽観的な見解を提示している。天国について言及した一二名の協力者全員が、前向きな見方をしていた。他方、中国の伝統的信仰の一部である地獄について言及していた者たちは、否定的な見方をしがちであった。また、何名かは生まれかわりを信じており、故人の次の生が、既に終えたものよりも良くなると考えていた。

喪失を経験した後の人生
――私たちは縁起のよいものを奪われなくてはならないのか――

あの世や生まれかわりの信仰は、故人と遺族の再会や和解に対する希望を高めるものである。表3-6に示した通り、一五名の協力者が、彼らの関係性（*yuan*）が継続していくであろうと述べていた。これに関するテーマのほとんどは肯定的な評価を与えられていたが、否定的に評価された二つのテーマは彼らが夫婦関係に疲れてしまったことを示していた。それらは、他の文化においてみられたこととも類似しているが、子どもの死は非常に耐えがたいものである。遺親は大変な痛みとともに、「白髪の者が黒髪の者を見送る“the white headed witnesses the death of the younger generation:”白髪人送黒髪人」（年老いた世代が若い世代の死に直面する）という彼らにふさわしい中国の表現を引用した。しかし、中国に古くから伝わる信仰を強くもっている者にとって、その痛みは、亡くなった子どもの葬儀への参加を禁ずるきまりを守ることによって、いっそう強いものになってしまう。中国では、各世代の間に階層的な境界がある。たとえ亡くなっていたとしても、故人が上の世代の者から「崇拝

表3-5　死後の生についての意味づけ

カテゴリー	肯定的な評価	否定的な評価
天国に行く	12	0
生まれかわる	10	5
地獄に行く	1	5

表3-6　死別経験後の人生についての意味づけ

カテゴリー	肯定的な評価	否定的な評価
次の人生でも続くであろう関係性（*yuan*）	13	2
若い世代の死に直面するという悲痛な経験	0	5
三年間，不運をもたらす家族内の死	0	4

される」（worshipped）べきではない。もし、このきまりが破られれば、故人に悪業がもたらされることがある。そのような文化的なきまりの起源を記録している書物はないが、この信仰は中国人の間で広く共有されているものである（Chow, B. W. S. Koo, E. W. K. Koo, & Lam, 2000）。

家族の死は、その構造や機能を破壊するものである。ほとんどの未亡人が、未亡人という言葉に否定的な含みがあると感じていた。時には、自身の家族から見下されることもあるという。未亡人は災難を連想させるため、死別から一年の間は、誕生日会や結婚式のようなお祝いの場への参加は歓迎されないのである。両親の揃っている家族が一方の親の死によって急に片親の家族になることもあるが、これは家族の機能にも影響を与える。協力者のHさんは、こう語っている。

私の主人は春節の数日前に亡くなりました。その間は葬儀場が休業中ということで、葬儀は春節の後に行われることになりました。葬儀に参列してくださった主人の友人は、ほんの数人でした。私の家族や彼の家族でさえそうですが、ほとんどの人は、「めでたい」（Happy）時期には葬儀に出席したくなかったのです。こうした人々は、穢れた場所や穢れた人（故人）から災難を受けたくなかったのでしょう。義母から、（故人の）親なので葬儀に出席できないと言われた時は、とても心が痛みました。主人はいつだってしっかりした息子でした。それなのに、どうして彼は、最後に母親から見送ってもらえなかったのでしょうか……家族が、私の子どもたちに、その正月の「紅包」(red-pocket) をあげられないと言ったときには、大変取り乱してしまいました［「紅包」とは小さな贈り物のことであり、大抵は、赤い袋に貨幣を詰めたものが、正月の折に、未婚の者に渡される。象徴的に、「紅包」には幸運を呼び込むものという意味がある］。なぜ、私の子どもたちは、縁起のよいものを奪われなくてはならないのでしょう? 私は非常に腹が立ちました。

成人してもなお、中国人は親との結び付きが非常に強い。年老いた親と同居したり、週末ごとに親を訪ねたりする子どもは大勢いる。成人した遺族の中には、両親を亡くして孤児になってしまった気まずさを説明する者もいた。彼らは、周囲の人間が、夕食を食べに家に戻ったり、家族そろって週末を過ごしたりしたことについて話していた時に生じた感情を話してくれた。

儀　礼

——父の顔のおそろしい記憶を忘れられない——

伝統的な中国の信仰に倣って、死別の過程、特に葬儀の際には、昔からさまざまな儀礼が行われている。そして、葬儀への参列は、協力者によって最も頻繁に語られている。彼らの三分の二が、葬儀への参列を良いことと認識していた。故人にお別れを告げるための最後の機会を得ることができて良かったと考えていたのである。残りの三分の一は否定的な感情を抱いており、大抵は、彼ら自身が葬儀に参列することができなかったからという理由によるものであった。

道教の葬儀にとって不可欠なのが、読経である。在家の道士（*Nahm Mouh*）が、故人の魂を慰めるために、低音で単調な経を唱えるのである。さらに、道士は、霊を怖がらせ、神を呼び覚ますために、経を歌うように何度も一生懸命に読むのである。仏教の尼僧や僧侶もまた、故人の魂を慰めるという同じ目的のために、仏教の経を唱える（Watson, 1988）。二〇名の協力者はこのテーマに言及しており、それを肯定的に捉えていた。他方、回答者の三名のみではあるが、遺族の信仰体系との不一致はもとより読経にかかる高額な出費について不満を漏らしており、儀礼に否定的な見方をしていたといえる。

葬儀の過程の中には、最後に棺に蓋をする前に遺体を見納める儀礼がある。遺族の心の中に、故人の最期の姿が強く刻み込まれるということもあり、美しく化粧が施された故人は良い記憶となって残る。しかし、七名の協力者は、否定的な見解を持っていた。協力者のIさんは、次のように語った。

目を閉じるといつも、これでもかというほど父の姿が現れるのです。父の目や口は、半分開いていました。まるで息をしているかのように色づけられた唇とは対照的に、顔はセメントの壁みたいに白かったのです。私は、このおそろしい記憶を消し去ることができません。

中国のいくつかの葬送儀礼は、家族内の男性が執り行うことになっている。「招魂」（Soul-flag）という儀礼は故人の魂を正しい方向に導くためにされ、「沐浴」（Purifying wash）は遺体を洗い清めるために行われている。これは遺体を実際に洗うのではなく、一人が洗面器を持ち、もう一人が故人の服の一部を持って象徴的に行われる。彼らは、二枚から四枚ほどの硬貨を投げ、洗うための水を「買う」（buy）必要がある。八名の協力者がこの儀礼について触れたが、それを肯定的に捉えていたのはその半分のみであった。彼らは、家族が故人のために何かを「する」（do）という機会を大切にしていた。しかし、残り半分の者は、息子がおらず、甥や他の男性家族に儀礼を行ってもらわなくてはならないということで、否定的な捉え方をしていた。

中国の考え方によると、生者と死者、そして神は宇宙の中に共存している。生者のための地上の世界、死者のための地下の世界、そして神のための天上の世界である。地下の世界には、罰を受けなくてよい魂が逝く地上の世界とそっくりな死者の国に加え、地獄と一〇カ所の法廷（*yamen*）[3]がある。魂は、来世に生まれ変わる前に、各法廷で判決を下され、罰を受けることになっている（Cohen, 1988; Tong, 2004）。紙や、紙でできた家や車などのお供え物を燃やすことで、あの世で故人の魂が快適な生活を送れると信じられていた。紙で作った貨幣や硬貨、金や銀、さらにはクレジットカードまでもが、地獄の法廷から故人の魂を取り戻す助けになると言われている（Cave, 1998）。したがって、紙でできたお金や財産を燃やすという儀礼は、遺族にとって癒しの効果があったといえる。彼らは、故人のためにより良い生活環境を整えているのだと考えていた。また、紙でできたお金は特別な形に折りたた

表3－7　行われた儀礼に関する意味づけ

カテゴリー	肯定的な評価	否定的な評価
葬儀への参列	19	8
読　経	17	3
葬儀への出席	11	4
お供え物の焼却	8	5
故人の美しい化粧	5	7
服喪期間の開始	5	3
「招魂」や「沐浴」の実施	4	4
故人のための良い衣類	4	2
棺の中に入れられるもの	3	1
「櫛を折る」儀礼の実施	0	8

まないといけないので、紙を折ってお金をつくるという儀礼は、遺族にとってちょうどよい気晴らしになっていた。

語られた全ての儀礼の中には、全員が否定的な見方をするものが一つだけあった。未亡人たちは、「櫛を折る」(breaking the comb) 儀礼に参加した時に感じた痛みを語っていた。これは、棺の蓋を閉める前に行う道教の儀礼である。櫛は結婚の象徴であり、その儀礼は、遺族と故人との婚姻関係が終わったことを示すものである。元々は、再婚を正当化するための儀礼であった。しかし、多くの未亡人にとって、再婚という考えはゾッとするものであるゆえ、死別した最初の一カ月は考えることができなかったという。**表3－7**では、儀礼のテーマをリスト化した。

続いていく絆

本研究において、故人との続いていく絆というテーマは、死別過程の重要な一面としてくっきりと見えてきたように思われる。その主な理由として、中国の伝統的信仰の中に、それが定着しているこ

紙で作ったお供え物の車

とが挙げられる。

伝統的な中国の家庭のほとんどは、先祖を祀るための祭壇を持っている。家族の誰かが、入学試験や就職の面接、はたまた手術のような大事に直面しているときに、祭壇を通じて先祖に報告をし、祈りを捧げることは、中国人にとってごく当たり前のことである。

協力者は、故人あるいは彼らのいずれかの主導による故人との絆の継続について述べていた。

故人をきっかけに結ばれる絆
——主人が義妹の夢の中に現れたと聞いて、とても腹が立ったわ——

今回調査した遺族の多くが、故人との続いていく繋がりについて感謝の気持ちを述べており、それらは故人の主導によるものであった。表3-8に示されているとおり、一七名の協力者が、死者の存在を感じ、その声を聞き、姿を目にしたことを報告していた。そして、全員が、この特別な接触を肯定的な体験として捉えていた。

故人の魂は、生者と完全に切り離されないと信じられており、言い換えれば、故人は時々、遺族のもとを訪れることができる。道士がよく話に出すが、故人の魂は、最愛の家族に会うために、死後およそ七日で家に戻って来るという。協力者の五人に一人が、そういったことがあったと述べていた。家に戻って来るということからは、次のことがいえる。一つ目は、未だに故人が近くにいるということ、そして二つ目は、死後もなお、遺族は故人にとって大切な者であるということである。ある協力

表3-8　故人をきっかけに結ばれる絆の継続

カテゴリー	肯定的な評価	否定的な評価
死後，故人の存在を感じたり，声を聞いたり，その姿を目にする	17	0
遺族の夢の中に故人が現れる	14	5
死後，七日目に故人が戻ってくる	8	1
昆虫の姿になって故人が戻ってくる	8	1

者は、七日目に故人が「帰宅」(return) しなかった際に、非常に取り乱したと話した。

故人が物理的に戻って来ることこそ体験できないものの、一九名の協力者は夢の中で故人と再会したと語っていた。主に彼らは、こうした夢が、故人とやり残したことを解決してくれる肯定的な体験であると考えていた。同様に、数名の参加者は、故人が夢に出てこなかったことに不満を持っていた。Jさんは、こう語っていた。

これまでずっと、主人にとって一番大切な存在だったのは、この私だって思っていたの。彼の最期の一時間だって二人きりで過ごしたのよ……だけど主人が、義妹の夢の中に現れたと聞いて、とても腹が立ったわ！　どうして私ではなく、彼女の夢なのよ？　あんなに彼に会いたいと願っていたし、顔もほとんど思い出せなくなっていたの。それなのに、彼は私に会いたがらず、自分の妹のところに行ったのよ。どう見ても私に対する裏切りだわ。彼にとって、私よりも彼女の方が大事だったんだわ！

遺族の何名かは、亡くなった家族が、蛾や蝶、トンボ、さらにはゴキブリといった昆虫の姿になって戻ってきたことを体験していた。大抵のケースで、昆虫は特別な場所に止まっていたと語られており、たとえば、故人の座っていた場所や家族写真の上、最愛の家族の口元（まるでその人にキスするかのように）、故人のために準備した祭壇などがそれに当たる。通常、昆虫は飛び去るのに、これらの昆虫がほとんどそうしなかったおかげで、故人と会話するかのように昆虫に話しかける機会を得られたと話した遺族もいた。昆虫とのこのような会話は、最も効果的なセラピーの形態であると考えられていた。

遺族をきっかけに結ばれる絆

――義兄たちの主な関心事は、夫の遺産でした――

遺族もまた、故人との続いていく絆において能動的な役割を果たすことがある。協力者の約半数が、故人の写真に話しかけていた。中国人は、亡くなった親族の大きな写真をダイニングルームに飾ることを好む。ほとんどの協力者が、時々、その写真に話しかけていたことを明かした。そして外出時には、故人への挨拶を欠かさないようにしていた。また、食事の時は、故人とともに食卓を囲んでいた。写真の存在は離れてしまった最愛の人のことを思い出させてくれるのである。特に彼らは、他人に傷つけられたと感じると、写真に話しかけていた。協力者のKさんは、次のように述べている。

私の義兄たちの主な関心事は、夫が遺していったお金でした。彼らは、私からお金を横取りするためにあらゆる手を尽くしました。その夜、私はこれ以上ないくらい苦しくて、写真を通じて、彼らの悪事について夫に訴えはじめました。驚くことに、写真の中の夫の目も涙で濡れていました。それが、私自身の涙による幻覚や幻想なのかどうか確信はありません。そして突然、彼が亡くなる前に私に言ったこと――強くなれ、誰も君を傷つけることはできないよ――を思い出しました。私はすぐに立ち直り、困難に立ち向かうための強さを取り戻しました。

協力者全員が故人の写真を家に飾っているにもかかわらず、中には写真に話しかけない者もいた。そういった者たちの何名かには、今なお悲嘆にくれていることを家族の者に知られたくなかったという考えが共通して見られた。強いふりをすることが、家族の心配を減らすための良い方法だと思っていたのである。彼らは、教会の墓地や共同墓地を「訪ねる」（visit）ことをより好んでいた。故人をとても身近に感じることができることから、多くの者は墓参りを肯定的な体験として捉えていた。他方、少数ながら、死を現実的に思い出させる場所であるという理由で、否定的に捉える者もいた。協力者のLさんは、こう語っている。

私が、初めて主人に会いに墓地に行ったときのことだったわ。私は、こんな風に思ったの。主人は若くして亡くなったんじゃないって。つまり、子どもや青年だって亡くなるのよ！彼には

表3－9　遺族をきっかけに結ばれる絆の継続

カテゴリー	肯定的な評価	否定的な評価
故人の写真に話しかける	23	0
お墓参り	18	4
以前，故人と一緒にしていたことをする	17	6
故人のやり残したことをやりとげる	13	2
習慣的なお供え物	9	0
故人の遺灰を埋める	8	3
霊媒師を通じて交流する	6	2

たくさんの若い仲間がいるから、淋しいはずないって思ったの。でも、最近、彼のところに行った時に、激しい怒りがこみ上げてきたわ。以前は、主人の隣に「二人分」（unit）スペースが空いていたの。なのに、最近になって若い女性がやってきたというじゃない！すごく妬ましいし、主人に裏切られた気分よ。それ以来、お墓には行きたくなくなってしまったの！主人を、どこかほかの場所に移すことだって考えているわ！

遺族が故人との絆を主導し、継続していたその他の方法は表3－9にまとめたとおりである。

協力者の半数近くが、生前の故人と一緒にしていたことを一人でするときに、彼らとの繋がりを感じている。しかし、ふとした時に、もう既に故人の身体が側にいないことを実感して、痛みを感じていた。遺族の中には、故人と繋がり続ける方法として、彼らとやり残したことをやりとげようとした者もいた。遺族は、故人と同じ見通しや希望をもつことで、より一層、故人についての理解を深めることができた。

交通事故で息子を失ったある母親は、息子の魂と交流するために霊媒師のもとを訪れた。彼女は、息子の死がある女性の魂に対する負債を示すものであったということを、息子からどのように伝えられたか述べた。息子はその事故を避けられなかったが、今は負債を清算したので自由になっていた。子どもを守れなかったことに対して感じていた罪悪感を和らげてくれたことから、母親が霊媒師を通じて見出した意味は治療効果の高いものだったといえる。

考　察

――故人の写真に話しかけること――

抽象的なレベルにおいて、香港の中国人遺族に関する本研究の発見は、他の地域で行われた同様の研究のものと合致しているように思われる（Davis & Nolen-Hoeksema, 2001; Nadeau, 1998, 2001; Neimeyer, 1999, 2000, 2001）。Golsworthy と Colye は、彼らの行った、配偶者を亡くした高齢者九名のスピリチュアルな信仰と意味の探究に関する研究の中で、彼らの信仰が、遺族のその後の人生の意味や故人との継続した関係性、責任のやり場、死と将来への希望についての解釈などと関連していたことを発見した（Golsworthy & Colye, 1999）。この研究と同じ方法で、これらのテーマは、本研究のカウンセリングの中でも自然に展開された。クライアントは、死別後の自身の人生についての意味づけはもとより、死の原因や死後の生、故人との続いていく絆について同じような理解に達していた。ただし、その意味の内容は中国文化に特有のものといえる。たとえば、死の原因に関して言えば、中国人は今でも、業（*karma*）や故人との関係（*yuan*）といった多くの伝統的な哲学的・宗教的概念を用いている。中国古来の信仰において、死は、予め運命づけられたきまりや、「病の気」(sick *qi*) ないしは悪霊のような高次の力といった外的な要因に起因すると考えられている。こういった、外的な死の原因に特定することからくる個人の責任感の低下は、自己嫌悪や罪悪感の程度を下げる。決められた伝統的な信仰は、罪悪感に駆られた中国人の内面を和らげるクッションとして働いているようである。

死の過程の意味づけに関する新たな知見は、終末期医療のための方向性を提案している。死にゆく中国人に対してケアをする際、さほど重要でなさそうな身体的なケアによって、遺族の精神的な健康を促進することができる。身体がきれいに保たれていることや食欲が満たされていることは、来世の状況を象徴し、その前兆となる。中国のことわざ (「不得善終」) によれば、「満たされずに」(badly) 死んでいくことは、不幸の元凶となる。したがって、ホスピス・ケアという言葉の中国語訳である *Shan Zhong* は、これとは反対のこと、――「満たされて死んでいく」(dying nicely) あるいは「よい最期」(a good ending) ――を意味しているのである。

あの世の意味は、遺族の人生に影響を与える重要な因子である。さまざまな宗教が、あの世へのさまざまな道のりを規定している。キリスト教では、善人は亡くなると天国に行くとされている。仏教では、故人は、涅槃 (*nirvana*) に到達するまで生まれかわり続けると信じられている。無宗教の中国人であっても、一般的に、伝統的な中国の信仰に影響を受けている。あの世は、複数の法廷 (*yamen*) によって階層的に管理された暗い地下の世界のように考えられている。十分なお供え物を捧げるのとひきかえに、故人を地獄から取り戻すことが出来る。このようなあの世のイメージは、遺族のみならず死にゆく患者をも怖がらせる。

遺族が故人との続いていく絆を維持するという見解には、ますます多くの関心が寄せられるようになってきた（Klass, Silverman, & Nickman, 1996）。Silverman と Nickman は、人生を通して故人との変わりゆく関係性を維持することは、遺された者にとって自然なことであると示唆した（Silverman & Nickman, 1996）。Shuchter と Zisook は、遺族の三分の一以上が、定期的に故人と話をしていたことを明らかにした（Shuchter & Zisook, 1993）。我々の最新の研究においても、遺族が、どのように故人と気持ちを通わせ、関わり続けてきたのかという点に関しては共通の見解が見られた。彼らが行っていたことは、中国の慣習と一致していた。たとえば、故人の写真に話しかけることがそれに当たる。Rees は、彼の報告の中で、遺族が何度も故人の存在を感じ取っていたと発表した（Rees, 2001）。こういった再会は慰めとして認識されており、近年の研究結果とも一致している。実は、伝統的な中国文化は、このような再会をよくある現象として描写しているので、こういった体験はより受け入れられやすくなっている。続いていく絆というテーマに関するデータの分析において、私は、故人あるいは遺族のいずれかによって主導されている絆といった二分法を用いている。この枠組みは、データに基づいたものである。西洋での観察結果に基づいて、Klass と Walter は、続いていく絆を、故人の存在の知覚、故人との会話、道徳的指標としての故人の受容、故人についての会話、といった四通りに表すことが出来ると示していた（Klass & Walter, 2001）。Field らは、続いていく絆を測るスケールを開発した（Field, Gal, & Bonanno, 2003）。これまでの知見の検討と彼らの初期の知見（Field, Nichols, Holen, & Horowitz, 1999）を基にして、著者たちは、懐かしい記憶にしぼった一一項目を含めた。たとえば遺族が、故人を思い出すきっかけとして遺品を持ち続けること、故人の存在を感じ取ること、故人の習慣や価値観、関心を共有していくこと、故人から遺族へのプラスの影響、故人の願いを達成しようとすること、物事を決める際に故人の考え方を採り入れること、誰かと故人について回想することなどである（Field, Gal, & Bonanno, 2003, p.112）。我々の単純な二分法は、続いていく絆についての他の表現形態を除外してしまったかもしれない。そこで今後の研究では、中国人遺族にみられる、より多様な、続いていく絆を探っていきたいと考えている。

実践に向けて
――死装束――

緩和ケア病棟で働く者は、中国人家族の悲嘆プロセスを緩和するにあたって、重要な役割を果たしうる。遺族は死の瞬間に目にしたものから意味を見出すために、よい死の決定要素の一つとして故人の身体的状態を確かめる。死にゆく者が身ぎれいにされ、しっかり水分を摂っていたと確認することは、遺族にとって大切なこととして考えられている。家族に患者のケアを許可すること、それも臨終の時にそうすることは、間もなく遺族になる中国人にとって大変重要である。最後に瞼や口元の筋肉を緩めてあげることで、故人の身体を「きれいにする」（tidying up）のも大切である。故人の目と口がしっかりと閉じているのを確かめることで、遺族のその後の死別作業の多くは省かれる。さもなければ、故人の表情から、彼らがこの世で多くのことをやり残していたと思い込んでしまう遺族の気持ちを和らげる必要がある。

死別ケア
――故人との連帯感――

中国人遺族の調査に取り組んだところ、客観的で明白な死因に関心が払われている一方で、主観的で間接的な死因についての解釈も見落とされることはなかった。外的要因に関する古くからの信仰に沿って原因を再構成することで、過剰な自己非難を避けることができる。さらに、夢の中で、あるいは動物や虫の姿で、故人が戻ってきたことを感じ取ったという遺族の語りに対して誠実な関心を示すことは、彼らの癒しになるといえよう。これはカウンセラーにとっても、遺族との関係を築く手がかりとなる。

遺族の語りに共通してみられたように、死別されたという彼らの立場は、ネガティブな意味合いを含んでいるようであり、不運と結びつけられている。したがって、遺族の個別カウンセリングだけでなく、グループワークも彼らの孤立した気持ちに働きかける良い方法となりうる。さらに、文化の一部として根付いている未亡人や孤児として生きることへの反社会的な意味合いに立ち向かえるように、遺族を力づける支援活動も求められている。自身を擁護する術を身に付けようとしている未亡人を支援するアメリカでの取り組みは、ここで挙げているものと関連付けられるであろう（Silverman, 2004）。

本研究で取り上げた遺族の多くは、続いていく絆を、悲嘆のプロセスにおける前向きで有益なものであると認識していた。そういった前向きな感じというのは、研究対象のカウンセリングにてみられる、続いていく絆を目指したカウンセラーの肯定的な態度の影響によるものかもしれない。会議でのカウンセラーの話によると、故人との連帯感という認識は、ケアプランニングの結果としてではなく、無意識のうちに生まれたものであるという。今後、医学的介入や、中国人の中にある故人との継続した絆という感覚についての研究によって、我々の考察はさらに深まるであろう。

中国文化には、死への適応を促す悲嘆のプロセスの中で行われる多くの伝統的な儀礼がある。しかしながら、現代の多くの中国人たちは、そのような儀礼の本当の意味を知らない。彼らはただ単に、それらに従っているだけなのである。こういった儀礼の意味を学ぶことがめったにないのは、それが葬儀業界の「専門」(professional)であると考えられているからである。したがって、この分野の研究は、より広い集団における中国人の死別過程を理解し、遺族が死別過程のどの段階にいるかについての対話を開始するにあたって重要な一歩となりうる。こういった儀礼を用いるのと同時に、それらの効果が最大限になるように、その意味についても議論し、詳細を明らかにすることが必要である。

今回の予備的な調査は、中国人にみられる悲嘆についてのより体系的な研究に向けての道を切り開いたと言える。とはいえ、今回の事例に偏りがあることは認めざるをえない。したがって、結論を中国人遺族全体のものとして一般化するには注意が必要である。本研究の全協力者は、死別カウンセリングのためにＪＴＴＣを訪れた者である。彼らは、死別によって引き起こされた高いレベルの悲嘆に暮れていると同時に、助けが必要だという自覚も持っていた。さらに、個人が識別されうるカウンセリング時のビデオや音声の記録に同意していたことからも、比較的オープンな態度をとっているともいえる。バイアスはデータ収集の段階においても見られた。データは治療としての面談であるゆえ、研究者にとって価値があるであろう情報は含まれていない。さらに、面談はJTTCの五名のカウンセラーによって行われたため、それぞれのやり方の違いも、データ収集の段階に影響を与えているだろう。以上のような偏りがあるとはいえ、この研究は意義ある第一歩といえる。そして忠実に文字に起こされたデータは、地域ごとのアンケート調査に向けた尺度開発に役立つ。世界のこの地域のみにみられる死別体験に関してより知識を深めるためだけではなく、悲嘆が理解され、経験される方法にどのように文化が影響しているのかを明らかにするために研究者に対して門戸を開くことは、間違いなく香港の死別研究にさらなる発展をもたらすであろう。

注

（1）業（*Karma*）とは、行為のことを意味する。仏教の重要概念の一つであり、人生における経験を決定する。善行を積んだ者に対してよい結果がもたらされ、逆もまた然りである。善業は、執着しないこと（non-attachment）、慈悲、悟性によって動機づけられる行為であるのに対して、悪業は、貪《とん》・瞋《じん》・癡《ち》によって動機づけられている。ある者の運命は、その人物自身の行いによって決まっていく。しかし、業は来世においても蓄積され、経験されうるものである。業について説明をする際に、種子と果実の例えが用いられることが多々ある。業というのは土の中に植えられた種子であり、その結果が特別な環境でできた果実である。（Keown, 1996）

（2） 気（*Qi*）は、中国の宇宙論における中心的概念である。「活力」や「生命力」という言葉に置き換えることもできるが、それでは本質を捉えたことにはならない。気は、三つの視点から理解することができる。まず、中国医学の観点からいえば、健康を増進する気の蓄積は生命を育むものである。他方、外部にある病原性の気（寒さや暑さ、湿気、風のようなもの）は、病気を引き起こす。協力者が述べた「病の気」も、部分的にこの概念を参照している。二つ目は、特殊な薬草や技法が気を有益性のあるものに変えるといった具合に、秘術として気を捉える見方である。三つ目の見方としては、風水が挙げられる。宇宙の気は、建造物の配置やそもそもの環境、ひいてはそこに居住、または労働している人々の影響によって促進されたり、阻害されたりする（Bray, 1999）。協力者によって語られた「病の気」は、ここで挙げた一つ目と三つ目にあたる医学的、風水的観点の双方を取り入れたものである。

（3） 地獄のそれぞれの法廷には、裁判官と、書記官の集団がいるといわれている（Cohen, 1988）。死者は、自身の地上での行為や行いを基にして審判を受ける。また、各法廷は、特定の悪い行いに対して、独自の強制力のある刑罰を有している。たとえば、第二法廷は医療ミスをした医師のためのものであり、彼らはズタズタに切り裂かれることになる。第四法廷には、不正をはたらいた商人を磔にするための針のむしろがある。第一〇法廷は、生まれかわりに関する審判が下される場所であり、裁判官は、死者が来世で昆虫や動物、あるいは人間に生まれかわることができるかどうか、その場合に性別のみならず、どんな家族のもとに生まれるのかということまでを決定する（Tong, 2004）。

参考文献

Bray, F. (1999). Chinese health beliefs. In J. R. Hinnells & R. Porter (Eds.), *Religion, Health, and Suffering* (pp. 187–211). London, New York: Kegan Paul International.

Cave, R. (1998). *Chinese Paper Offerings*. Hong Kong: Oxford University Press.

Chan, C. L. W. & Chow, Y. A. (1998). An indigenous psycho-educational counseling group for Chinese bereaved family members. *Hong Kong Journal of Social Work,* 32, 1–26.

Chan, F. M. Y. (2004). Society for the Promotion of Hospice Care in Hong Kong. *The Forum,* 30, 5.

Cheng, B. B. Y. & Ma, L. C. J. (2002). Stress, social support and quality of life of bereaved spouses in Hong Kong. *Asia Pacific Journal of Social Work,* 10, 37–58.

Cheung, F. M. C. (1986). Psychopathology among Chinese people. In M. H. Bond (Ed.), *The Psychology of the Chinese People* (pp. 171–212). Hong Kong: Oxford University Press.

Chow, A. Y. M., Koo, B. W. S., Koo, E. W. K., & Lam, A. Y. Y. (2000). Turning grief into good separation: Bereavement services in Hong Kong. In R. Fielding & C. L. W. Chan (Eds.), *Psychosocial Oncology & Palliative Care in Hong Kong: The First Decade* (pp. 233–254). Hong Kong: Hong Kong University Press.

Cohen, M. L. (1988). Souls and salvation: Conflicting themes in Chinese popular religion. In J. L. Watson, E. S. Rawski, & Joint Committee on Chinese Studies (U.S.) (Eds.), *Death Ritual in Late Imperial and Modern China* (pp. 180–202). Berkeley: University of California Press.

Davis, C. G. & Nolen-Hoeksema, S. (2001). Loss and meaning: How do people make sense of loss ? *American Behavioral Scientist,* 44, 726–741.

Field, N. P., Gal Oz, E., & Bonanno, G. A. (2003). Continuing bonds and adjustment at 5 years after the death of a spouse. *Journal of Consulting and Clinical Psychology,* 71(1), 110–117.

Field, N. P., Nichols, C., Holen, A., & Horowitz, M. J. (1999). The relation of continuing attachment to adjustment in conjugal bereavement. *Journal of Consulting and Clinical Psychology,* 67, 212–218.

Golsworthy, R. & Coyle, A. (1999). Spiritual beliefs and the search for meaning among older adults following partner loss. *Mortality,* 4, 21–40.

Ho, S. M., Chow, A. Y., Chan, C. L., & Tsui, Y. K. (2002). The assessment of grief among Hong Kong Chinese: A preliminary report. *Death Studies,* 26, 91–98.

Keown, D. (1996). *Buddhism: A Very Short Introduction.* New York: Oxford University Press.

Klass, D., Silverman, P. R., & Nickman, S. L. (Eds.). (1996). *Continuing Bonds: New Understandings of Grief.* Philadelphia: Taylor & Francis.

Klass, D. & Walter, T. (2001). Processes of grieving: How bonds are continued. In M. S. Stroebe (Ed.), *Handbook of Bereavement Research* (pp. 431–448). Washington, D.C.: American Psychological Association.

McKissock, D. & McKissock, M. (1998). *Bereavement Counselling: Guidelines for Practitioners.* Terrigal, New South Wales, Australia: Bereavement C. A. R. E. Centre.

Nadeau, J. W. (1998). *Families Making Sense of Death.* Thousand Oaks, CA: Sage.

Nadeau, J. W. (2001). Meaning making in family bereavement: A family systems approach. In M. Stroebe (Ed.), *Handbook of Bereavement Research* (pp. 329–347). Washington, D. C.: American Psychological Association.

Neimeyer, R. A. (1999). Narrative strategies in grief therapy. *Journal of Constructivist Psychology,* 12, 65–85.

Neimeyer, R. A. (2000). Searching for the meaning of meaning: Grief therapy and the process of reconstruction. *Death Studies,* 24, 541–558.

Neimeyer, R. A. (2001). Meaning construction and loss. In R. A. Neimeyer (Ed.), *Meaning Reconstruction & the Experience of loss* (pp. 1–9). Washington, D.C.: American Psychological Association.

Neimeyer, R. A. (2002). *Lessons of Loss: A Guide to Coping.* Memphis, TN: Center for the Study of Loss and Transition.

Neimeyer, R. A. & Hogan, N. S. (2001). Quantitative or qualitative ? Measurement issues in the study of grief. In M. S. Stroebe (Ed.), *Handbook of Bereavement Research* (pp. 89–118). Washington, D. C.: American Psychological Association.

Pang, T. H. C. & Lam, C. W. (2002). The widowers' bereavement process and death rituals: Hong Kong experiences. *Illness, Crisis, & Loss,* 10, 294–303.

Rees, D. (2001). *Death and Bereavement: The Psychological, Religious, and Cultural Interfaces* (2nd ed.). London: Whurr Publishers.

Rosenblatt, P. C. (2001). A social constructionist perspective on cultural difference in grief. In M. S. Stroebe, (Ed.), *Handbook of Bereavement Research* (pp. 285–300). Washington, D. C.: American Psychological Association.

Shuchter, S. R. & Zisook, S. (1993). The course of normal grief. In M. S. Stroebe, W. Stroebe, & R. O. Hansson (Eds.), *Handbook of Bereavement* (pp. 23–43). New York: Cambridge University Press.

Silverman, P. R. (2000). Research, clinical practice, and the human experience: Putting the pieces together. *Death Studies,* 24, 469–478.

Silverman, P. R. (2004). *Widow to Widow: How the Bereaved Help One Another* (2nd ed.). New York: Brunner-Routledge.

Silverman, P. R. & Nickman, S. L. (1996). Children's construction of their dead parents. In D. Klass, P. R. Silverman, & S. L. Nickman (Eds.), *Continuing Bonds: New Understandings of Grief.* Washington, D. C.: Taylor & Francis.

Stroebe, M. S., Hansson, R. O., Stroebe, W., & Schut, H. (2001). Future directions for bereavement research. In M. S. Stroebe, (Eds.), *Handbook of Bereavement Research* (pp. 741-766). Washington, D. C.: American Psychological Association.

Tong, C. K. (2004). *Chinese Death Rituals in Singapore.* London: Routledge Curzon.

Watson, J. L. (1988). Funeral specialists in Cantonese society: Pollution, performance and social hierarchy. In J. L. Watson, E. S. Rawski, & Joint Committee on Chinese Studies (U. S.) (Eds.), *Death Ritual in Late Imperial and Modern China* (pp. 109-134). Berkeley: University of California Press.

第4章 香港の中国人遺族における死別体験の社会的共有

エイミー・チョウ,
セシリア・チャン,
サミュエル・ホー

AMY Y. M. CHOW,
CECILIA L. W. CHAN,
SAMUEL M. Y. HO

（駒田 安紀 訳）

彼女は、私の夫の葬儀に参列した時、こう言いました、「泣くのはおやめなさい、流れに身をまかせるのよ」と。私も他人の葬儀に参列した際、愛する人を失った遺族を慰めようと、この言葉を何度も口にしてきました。けれども、遺された人にとってその言葉がどんなに残酷なものか、この時はじめてわかったのです。私は亡き夫をとても愛していた――どうやって涙を抑えられるというの？ どうして抑えなければならない？ 誰のために？ それでも、礼儀をわきまえて、彼女が差し出したティッシュでとりあえず涙を拭こうとしました。涙はこわれた蛇口からあふれ出る水のようで、ティッシュはあっという間にびしょ濡れになってしまいました。彼女は私にもう一枚ティッシュを渡すと、二言目に「じゃあ、元気でね」と言いその場を去りました。

（女性A、夫の葬儀で死別について友人に話した体験を思い出して）

葬儀に参列しても、何の力にもなれないわ。友人の苦しみを目の当たりにしながら、何も和らげることはできないのよ。「泣くのはやめて、流れに身をまかせるのよ」と声をかける以外、何て言っていいかわからないわ。一番いいのは、干渉せず、何も聞かないようにすることね。
（女性B、近親者を亡くした経験なし）

「泣くのはおやめなさい、流れに身をまかせるのよ」（Jie ai shu bian: 節哀順変）という言葉は、中国人が葬儀で遺族を慰めるときによく使うおくやみである。文字通りに解釈すれば、悲嘆を抑え死別体験を静かに受け入れる、という意味である。多くの場合、遺族と慰める人との間で交わされる会話は、この言葉で終わる。右に引用した会話に見られるように、両者の期待に食い違いがあるからである。このように、死別体験の社会的共有（愛する人を失った体験について他者に話すこと）は、あっけなく終わってしまう。

人生で起こり得るストレスに満ちたできごとの渦中にある人にとって、周囲からのサポートは緩衝剤となるとされ（Cohen & Wills, 1985）、死別体験の場合も同様であると考えられている（Dimond, Lund, & Caserta, 1987）。しかし、周囲にサポートを求める前に死別体験を社会的に共有することが、他者が遺族の状況とニーズを把握するために必要である。最近の研究で死別体験の社会的共有がもたらす良い影響について疑問視されてきた（Bonanno & Kaltman, 1999; Stroebe, Stroebe, Schut, Zech, & van den Bout, 2002）が、それでも中国人遺族が社会的共有をするという現象を探ることはとても貴重なことである。中国人遺族は、共有を行わない（他者に話さない）という、中国文化で求められているとおりの反応を見せるのであろうか？　それとも、感情が昂ぶった経験を共有したいと思っているのであろうか？　もしもそうであるとしたら、誰に、どうやって共有するのか？　共有する人としない人とで、心身の健康状態は異なるのであろうか？　この研究は、香港における中国人遺族の死別体験に見られる社会的共有に関する調査（一時点におけるアンケート調査）であり、先のような問いに答えることを目指した。

死別体験は、香港の中国人同士の日常会話の中でよく挙がるような話題ではないし、研究者の間で行われる議論においても頻繁に扱われるものではない。中国人の死別体験に関する研究も、ほとんど行われていない（Chow, Chan, & Ho, 2003）。しかし、中国人遺族による社会的共有という現象をよりよく理解することで、適切な死別ケアを一定のモデルとして示すことができるだろう。

中国文化における社会的共有と死別

死別体験の社会的共有は、西洋文化に比べると中国においてはさほど高く評価されていない。その理由として、第一に、死別に伴う感情の過剰な表出が健康を害すると考えられている（C. L. W. Chan, 2001）。第二に、儒教思想の影響で、中国人は人間関係において調和を保つことを重んじる。死別や悲嘆に伴う激しい感情を表出することは、これに相反すると思われる。共有する側は面目を失ったと感じ、調和を乱した責任を負わされ、他方の共有される側は調和を取り戻せずに困惑してしまうと思われる。

第三に、よく用いるおくやみの言葉にあるように、遺族は「流れに身をまかせ」なければならない。この考えは道教に起源を持つもので、荘子の有名な話に登場する。道教の始祖である荘子は、妻が亡くなった時、両足を投げ出して坐り、盆を鼓いて歌い(1)、悲しむそぶりを全く見せなかった。荘子の友人がこれに苦言を呈したところ、荘子は、生と死の無為自然の考えを示した。生と死というものは、四季のうつろいのように自然の循環を成しており、とりたてて強調すべきではない、というのが彼の考えであった。人はそれぞれ自らの運命を穏やかに受け入れるべきだという彼の教えが、多くの中国人に暗に影響してきた。

このような古くからの思想における見方に加え、死や死ぬことへのタブー視が、死別体験の社会的共有の抑止力となっている。罵り合いの口げんかを除いては、死を話題にすることを避けるのが一般的な傾向である。死について話をしたり、考えたりすることさえも、その人の住まいや人生に悪霊をおびきよせてしまうと考えられている。この悪霊を寄せつけないために、中国では葬儀の参列者に対して「お土産袋」(treat pocket: 中国語で「吉儀」と呼ばれる赤い小さな封筒)が配られる。そこには、小さなタオルやティッシュ(涙を拭くため)、飴玉(甘みを感じるもの)、一ドルコイン(慰めという贈り物に対するお礼の品)が入っている。この慣習は、西洋におけるお誕生日会の「お土産袋」に似ているが、中国のお土産袋が喜ばれることは決してなく、もらった人も自宅に持ち帰ることを禁じられている。

中身は帰り道に使いきり、袋は捨てるのがよいとされる（C.L.W. Chan, 2000）。

儒教思想は人間関係の調和をよりよく保つことに加え、さまざまな関係における適切な交流についても書き記している。ボンドとファンは、玉ねぎの比喩を用いて、人間関係（guanxi: 关系）の多層構造と、中国人の社会的共有にみられる層状の構造について述べた。時々会う友人・仕事上の付き合い・公的な関係における社会的共有の内容は、たいてい表面的な話題に限られており、玉ねぎの皮に例えられる。内にある深い感情は、親密な関係にある人にだけ共有される。ボンドとファンら（1986）が引用したリンの研究（1984）によれば、離婚した台湾人女性は離婚について両親や兄弟に相談する傾向にあるが、近しい家族ではない親戚や友人に相談する人はわずかであった。

香港における死別体験の社会的共有

香港の人口の大多数は中国系である。と同時に、彼らは西洋思想の影響も受けている。これは、国際的な通信ネットワークの発達や、ここ一〇〇年近くにおよんだイギリスの植民地支配などによる。死別カウンセリングの概念は西洋文化に由来するもので、一九九〇年代半ば、香港では特定の公的な医療機関においてのみ、死別カウンセリングは先進的に行われた。最初の地域密着型の死別カウンセリングサービスセンターが設立されたのは、一九九〇年代後半のことであった（Chow & Chan, 2006）。ここで最初に立ちはだかった壁は、「死別」に相当する公式の中国語がなかったことだった。中国人が家族でない人とは死別体験を共有しないという傾向に反して、一九九七年後半のオープン以来、カウンセリングサービスを提供した家族の数は一四〇〇にのぼった。このようにサービスを行ったことは、中国人遺族に体験共有のニーズがあるということと、専門家による支援をも求めていることを示している。

調査の方法
——協力者、手続き、アンケート項目——

〈協力者〉

本研究の協力者は、配偶者あるいは親を亡くした人である。協力者は二群から成る。一つ目の群は、地域密着型の死別カウンセリングセンターで募集した、カウンセリングを受けている遺族である。二〇〇一年四月から二〇〇三年四月の間に個人カウンセリングあるいはグループカウンセリングを受けていた人全員に、研究への協力を呼びかけた。

二つ目の群は、がん専門病院で募集した一般の死別体験者で構成されていた。二〇〇一年一月から二〇〇三年三月にこの病院で家族を亡くした人に、協力を呼びかけた。なお、調査にあたっては、所属学部の研究倫理委員会および同大学医学部の倫理委員会の承認を受けた。

一つ目の群は、三〇二人への呼びかけに対し一四〇人からアンケートへの回答があり、回答率は四六％であった。二つ目の群は、一つ目の群とほぼ同じ人数で、九五六人への呼びかけに対し一五二名

表4－1　協力者の属性

協　力　者	カウンセリングを受けている遺族 回答数(%)	一般の遺族 回答数(%)	計 回答数(%)
性　別			
男　性	12(　8.6)	67(45.0)	79(27.3)
女　性	128(91.4)	82(55.0)	210(72.7)
計	140(100.0)	149(100.0)	289(100.0)
年　齢			
18—24	1(　0.7)	10(　6.7)	11(　3.8)
25—34	24(17.1)	20(13.4)	44(15.2)
35—44	41(29.3)	44(29.6)	85(29.4)
45—54	47(33.6)	41(27.5)	88(30.5)
55—64	13(　9.3)	20(13.4)	33(11.4)
＞65	14(10.0)	14(　9.4)	28(　9.7)
計	140(100.0)	149(100.0)	289(100.0)
協力者に対する故人の関係			
夫	100(71.4)	36(25.0)	136(47.9)
妻	12(　8.6)	24(16.7)	36(12.7)
父	16(11.4)	39(27.1)	55(19.4)
母	12(　8.6)	45(31.2)	57(20.0)
計	140(100.0)	144(100.0)	284(100.0)
故人の死因			
が　ん	70(50.3)	147(98.0)	217(75.1)
他慢性疾患	9(　6.5)	1(　0.7)	10(　3.5)
急性疾患	31(22.3)	2(　1.3)	33(11.4)
事故／自殺	29(20.9)	1(　0.0)	29(10.0)
計	139(100.0)	150(100.0)	289(100.0)

が質問紙に回答した。なお、四六人は住所が誤っていたため、届かず送り返されてきた。結果、二つ目の群の有効回答率は一七％にとどまった。

協力者の属性データを表4-1に示した。女性が男性の三倍近くにのぼっており、協力者の大多数が配偶者を亡くしていた。亡くなった家族の主な死因はがんであったが、これは調査実施機関の一つががん専門病院だったからである。死別カウンセリングセンターにて募った協力者には家族の死因を答えてもらったところ、突然死も含め、他の死因が挙げられた。死別から回答時点までの平均期間は、カウンセリングを受けている遺族では一五・〇四カ月（回答数＝一三九、標準偏差＝七・七七）、一般の遺族では一七・四三カ月（回答数＝一四六、標準偏差＝七・九三）であった。

〈手続き〉

調査にあたっては、依頼文書、研究に関する説明、二枚の同意書、切手を貼った返信用封筒とともに、中国語で記載したアンケートを回答の可能性のある人々に送付した。依頼文書には、この研究を実施する根拠と研究の貢献可能性について説明を記載し、研究実施機関の所長と大学のスーパーバイザーの承認のサインを得ていた。同意書には、同意してもらう内容詳細の他、協力者のストレスとなるリスクを最小限にするため、「ご回答の後、お感じになったことについて誰かにお話しになりたい場合、・・・にお問い合わせ下さい」と書き添えた。

〈アンケート項目〉

死別体験の社会的共有

死別体験の社会的共有についての八つの質問項目を作成した。それは、死別体験の最初の共有、共有した人数、相手との関係、共有の頻度、共有が有益だったかどうか、最も印象的だった共有への評価と、それに対する相手の反応を測定するものであった。

感情面の反応

死別を経験した人には、不安と抑うつという二つの反応がよく見られる。そこで、回答者の感情の状態を測定するのに適した、一般外来患者用不安抑うつテスト（Hospital Anxiety and Depression Scale: HADS）[(2)]を質問項目に含めた。これは、身体症状がある患者に対し、気分、感情面の苦しみ、不安、抑うつを測定するアンケートである。これは一四項目から成り、そのうち半分は不安を、もう半分は抑うつを測るものである。

健康状態

協力者の健康状態を評価するために、我々が開発した三項目を質問紙に取り入れた。それは、受診や入院の状況、病欠や活動できなかった日数、全般的な健康状態、についての死別体験の前後三カ月の比較である。

結果

――最初の共有、共有回数、相手との関係、共有が印象的だった時の相手の反応、心身の健康状態――

〈最初に死別体験を共有した時期〉

死別から数時間で死別体験の共有をしたのは協力者のわずか約一九％にとどまり、死別初日に共有したのは約四〇％であった。残りの約六〇％は死別初日には共有を行わなかった。約一〇％は今まで誰とも死別体験について共有したことがないと答えたが、実際にはその中の何人かは死別カウンセリングを受けたことがあった。その協力者にとって、カウンセリングにおける共有は「社会的」共有ではないと考えられていたのであろう。**表4-2**に、カウンセリングを受けている遺族と一般の遺族が最初に誰かに体験共有をした時期の分布を示している。一般の遺族とカウンセリングを受けている遺族を比較すると、前者（一週目で七二・二九％）は後者（一週目で五六％）よりも早く共有する傾向にある。全協力者の回答における中央値（全データを順に並べた時の真ん中の値）と最頻値（最も多い回答）はそれぞれ、一週目、一カ月目であった。健康状態と、最初に共有した時期との間には統計学的に有意な相関が見られた。しかし、一般の遺族の群はカウンセリングを受けている遺族の群よりも回収率がはるかに低かったので、結果の解釈には注意を要する。

表4－2　カウンセリングを受けている遺族と一般の遺族における，共有の時間・回数・共有相手の人数

変　数	治療中の遺族の群 回答数(%)	一般の遺族の群 回答数(%)	計 回答数(%)	クラメールのV
はじめて共有した時期				.233**(p＝.01)
最初の数時間	24(46.2)	28(53.8)	52(100.0)	
1日目	18(33.3)	36(66.7)	54(100.0)	
翌日	14(48.3)	15(51.7)	29(100.0)	
翌日—1週目	20(41.7)	28(58.3)	48(100.0)	
1週目—1カ月目	47(66.2)	24(33.8)	71(100.0)	
共有しなかった	12(41.4)	17(58.6)	29(100.0)	
計	135(47.7)	148(52.3)	283(100.0)	
共有回数				.24**(p＝.01)
0回	9(40.9)	13(59.1)	22(100.0)	
1—2回	17(47.2)	19(52.8)	36(100.0)	
3—4回	26(44.1)	33(55.9)	59(100.0)	
5—6回	10(25.0)	30(75.0)	40(100.0)	
7—10回	19(59.4)	13(40.6)	32(100.0)	
11—20回	19(55.9)	15(44.1)	34(100.0)	
20回以上	37(61.7)	23(38.3)	60(100.0)	
計	137(48.4)	146(51.6)	283(100.0)	
共有相手の人数				.15(p＝.36)
0人	7(36.8)	12(63.2)	19(100.0)	
1—2人	13(46.4)	15(53.6)	28(100.0)	
3—4人	27(46.6)	31(53.4)	58(100.0)	
5—6人	25(41.0)	36(59.0)	61(100.0)	
7—10人	26(63.4)	15(36.6)	41(100.0)	
11—20人	18(52.9)	16(47.1)	34(100.0)	
20人以上	22(51.2)	21(48.8)	43(100.0)	
計	138(48.6)	146(51.4)	284(100.0)	

$^{**}p \leq .01$

表4－3　死別体験を誰と共有したか

相　手	遺族が死別体験を共有するのに選んだ相手			遺族が最も頻繁に共有した相手１人※		
	カウンセリングを受けている 回答数（%）	一般 回答数（%）	計 回答数（%）	カウンセリングを受けている 回答数（%）	一般 回答数（%）	計 回答数（%）
配偶者／パートナー	13(9.3)	50(33.1)	83(28.5)	5(3.6)	26(17.2)	31(10.7)
親	41(29.3)	39(25.8)	80(27.5)	14(10.0)	7(4.6)	21(7.2)
兄　弟	74(52.9)	96(63.6)	170(58.4)	29(20.7)	49(32.5)	78(26.8)
上記以外の家族	55(39.3)	80(53.0)	135(46.4)	13(9.3)	28(18.5)	41(14.1)
親　友	88(62.9)	89(58.9)	177(60.8)	49(35.0)	39(25.8)	88(30.2)
友　人	69(49.3)	73(48.3)	142(48.8)	23(16.4)	20(13.2)	43(14.8)
近所の人	28(20.0)	17(11.3)	45(15.5)	3(2.1)	2(1.3)	5(1.7)
仕事仲間	29(20.7)	53(35.1)	82(28.2)	3(2.1)	9(6.0)	12(4.1)
専門家	104(74.3)	31(20.4)	135(46.4)	59(42.1)	7(4.6)	66(22.7)
宗教関連の人	36(25.7)	23(15.2)	59(20.3)	12(8.6)	9(6.0)	21(7.2)

注：※１人以上を選択した回答者もいるため，合計すると100%を超える．

〈死別体験を共有した回数〉

カウンセリングを受けている遺族は一般の遺族に比べ、共有回数が多い傾向にあった。カウンセリングを受けている遺族と一般の遺族の共有回数の中央値はそれぞれ、七―一〇回、五―六回であった。カウンセリングを受けている遺族の約二七％は二〇回以上にわたって共有しており、同時にこの群の最頻値でもあった。表4-2では、各群の共有回数の分布を示している。カウンセリングを受けている群の健康状態と社会的共有の回数にも統計学的に有意な相関が見られた。

〈体験を共有した相手の人数〉

表4-2で示したように、カウンセリングを受けている遺族と一般の遺族の最頻値はそれぞれ、三―四人、五―六人であった。しかし、回

答者の約一五％は二〇人以上に共有していた。

〈死別体験を共有した相手〉

表4-3に記した一〇あまりの関係の中で、カウンセリングを受けている遺族が死別体験を共有した相手は、専門家、親友、兄弟が共通して多い回答であった。これらの三つの回答は、もっとも頻繁に共有した相手を一人だけ選ぶ回答の、上位三位でもあった。一般の遺族では、共有した相手の上位三位は、兄弟、親友、家族（配偶者、親、兄弟を除く）であった。両グループを総合すると、上位三位は親友、兄弟、友人、であった。一方、もっとも多く共有した相手を一人だけ選ぶ質問では、親友、兄弟、専門家、という回答が得られた。

中国人は感情を伴った経験を家族にしか共有しないという従来の考えとは反対に、この研究の協力者は、家族よりも家族以外の人をよく共有する相手として選択した。さらなる分析のために、最初の四つの関係（配偶者またはパートナー、親、兄弟、家族）は家族内として、それ以外は家族外として分類した。カウンセリングを受けている群においては、もっとも多く共有した相手は「家族外」と答えた人は「家族内」と答えた人の二・四四倍であったが、一般の遺族においては「家族外」と答えた人は「家族内」と答えた人の〇・七八倍であった。

表4-4　共有相手の反応をよいと評価した群と，悪いあるいはどちらともいえないと評価した群における独立した二群のt検定

共有相手の反応	群	回答数	平均※	標準偏差	t値
配慮や関心を示した	どちらともいえない／悪い	85	4.88	1.679	−6.137**
	良い	163	6.04	1.254	
死別の話題を避けた	どちらともいえない／悪い	82	2.57	1.839	2.680**
	良い	151	1.96	1,566	
あなたから逃げた	どちらともいえない／悪い	81	1.83	1.403	2.863**
	良い	150	1.39	.925	
その人自身の意見を述べた	どちらともいえない／悪い	86	3.98	2.136	−5.496**
	良い	153	5.31	1.574	
関連する情報を提供した	どちらともいえない／悪い	84	3.31	2.151	−6.029**
	良い	161	4.87	1.793	
傾聴してくれた	どちらともいえない／悪い	89	4.52	2.018	−2.309*
	良い	152	5.10	1.808	
あなたと距離を置いた	どちらともいえない／悪い	84	2.24	1.633	2.919**
	良い	149	1.67	1.292	
死別体験を忘れさせようとした	どちらともいえない／悪い	86	3.71	2.040	−.766
	良い	152	3.93	2.150	

注：※　認識した反応は，７件法で測定した．点数が高い方がより頻繁にその反応を認識している．
*p＜.05.　**p＜.01.

〈共有が最も印象的だった時の相手の反応〉

最も印象的だった共有に対して相手がどのように反応したかを、「まったく反応がなかった」から「とても適切な反応だった」までの七件法で評価してもらった。英語の「impressive」という単語には肯定的な意味があるが、中国語ではニュートラルな意味を持つ。そこでさらに、共有が「よい」、「どちらともいえない」、「悪い」、のいずれであったかを尋ねた。一六三名が共有をよいと評価し、四名だけが悪いと評価した。否定的な評価をした数はとても少なかったので、肯定的に捉えた群と、どちらでもないもしくは悪いと評価した群との間で比較を行った。結果の詳細は表4-4に示した。

表4-4に見られるように、「死別体験を忘れさせようとした」を除く七種類の反応においては、二群間で統計学的に有意な差が見られた。共有した体験を肯定的に評価した協力者は、共有相手の反応を次のように認識した。それは、より深い配慮や関心を示し、自分の意見を述べたり関連する情報を提供してくれる一方で、特定の話題を避けたりその場を去ったり距離を置いたりしない、というものであった。このような共有相手は、積極的に話を聴いてくれると思われていた。

〈共有した人としなかった人の心身の反応と健康状態〉

誰にも死別体験を共有しなかったと答えた人を割り出し、共有しなかった群としてグループにした。この群の不安と抑うつは共有した群と比べてわずかに高かったが、統計学的に有意な差ではなかった。共有相手の人数は、最少では〇人、最大では二〇人以上にわたっていた。そこで今度は、前者を共有しなかった群、後者を共有相手の多い群として分類した。共有しなかった群は、共有相手の多い群と比べるとわずかながら体調が良好であると自覚しており、不安と抑うつの認識も低かったが、いずれも統計学的に有意な差ではなかった。

考察

〈中国人にとって死の話題がタブーであるという神話〉

我々の研究から、死別体験を誰にも共有しなかった人は協力者の一〇%であったことが明らかとなった（カウンセリングを受けている遺族と一般の遺族でそれぞれ、九%と一二%であった）。カウンセリングを受けている群におけるこの結果は、矛盾をはらんでいるように思われる。この群にとっての死別体験の社会的共有は、カウンセリングのプロセスに含まれていると認識されており、つまり、同じ死別体験をした家族のサポートのためのカウンセラーに対する情報提供者として自らを位置づけていた可能性がある。

もう一つ考えられる説明は、社会的共有の定義からカウンセラーへの共有を除外していたかもしれないということである。さらに、共有しなかった群の一〇%という数字は、一般の遺族の母集団で考えると、割合を低く見積もっている可能性がある。今回、協力に応じなかった人々の場合、共有しない人々の割合はもっと高いと考えられる。それは、アンケートという形式であっても、協力者の一〇%は自らの死別体験についてオープンにしたがらなかったからだ。

それでも、本調査からは、四〇%の中国人遺族が死別初日に誰かと死別体験を共有したことが明らかになった。中国人にとって死の話題がタブーであるという考えは、必ずしも裏付けられない。

〈過剰な感情表出が健康を脅かすという神話〉

共有しなかった群と共有相手の多い群とを比較して、受診状況、病欠日数、自覚している健康状態、不安や抑うつの程度に統計学的に有意な差は見られなかった。複数の相手に共有した人々においても、感情面でも身体面でも健康上の問題は見られなかった、とある程度言うことができる。これは逆の場合も同様であった。誰とも共有しなかった人も、健康上の問題は見られなかった。この点をさらに検証するために、誰にも共有しなかった群・二〇人以上に共有した群それぞれと、それ以外の群（共有したが、相手が二〇人以下であった群）とで、独立した二群間のｔ検定（二群の平均の差の検定）を行った。結果、いずれも有意差は見られなかった。さらにこの新たな三群間、すなわち誰にも共有しなかった群、二〇人以上に共有した群、二〇人以下に共有した群で同様に検定を行った。やはり、感情面においても健康状態においても統計学的に有意な差は見られなかった。

本調査は、一時点における調査であるので、社会的共有の前後の変化を捉えることはできない。共有後の測定において有意差が出なかったことについて、別の説明が可能である。もしかしたら、感情面の反応が大きい人たちが広範囲の相手に共有をする傾向にあり、共有後にそれが弱まったのかもしれない。その反応の大きさは、感情を抑えて共有しなかった群と同程度であったという説明が可能である。

しかし、逆のことも言えるかもしれない。つまり、感情的だがそれを抑える傾向にあった人が誰にも共有しなかった人たちであり、抑制したことで感情がおさまった可能性がある。一方、感情を昂ぶらせて共有した人は共有の結果、共有しなかった人たちが抑制した後の感情の大きさと同程度になった、という説明が可能である。ただし、これらの組み合わせ以外にも、説明する方法はあるかもしれない。このような背景により影響が薄れ、統計学的に有意な差が出なかった。この現象をさらに理解するためには、社会的共有の前後比較を行う遺族調査を実施する必要がある。

〈死別体験を家族の問題として共有するという神話〉

本研究で示されたように、死別体験の社会的共有は、家族内に限ったことではなかった。家族ではない「親友」が、共有相手の回答として一位に入っていた。次に「兄弟」が二位、「友人」が三位となり、「専門家」が四位と続いていた。このように、上位四位の選択肢のうち三つを「家族外」が占めていた。死別体験の社会的共有を最も多く行った相手を一人選んでもらったところ、上位三位は「親友」、「兄弟」、「専門家」であった。この二つの結果から、香港の中国人遺族にとって、家族外の人が共有相手として重要な役割を果たしていることがわかる。

協力者の約半数は地域密着型の死別カウンセリングセンターから募ったため、結果に偏りが生じた。最も多く共有する相手として家族を選んだ人は、死別カウンセリングサービスを必要としていないかもしれない。また、一般の遺族は回収率が低かったため、実際より少ない結果として示されている。このように、本研究では家族外の共有相手の方が家族内の共有相手よりも多かったが、だからといって遺族は家族内よりも家族外の人に共有する傾向にあると一般化することはできない。この仮説を検証するためには、より代表性のある群を用いてさらなる研究を行う必要がある。しかし一方で、中国人遺族は死別体験を家族にだけ共有するという考えに反証を示すことができた。

家族は共有相手として必ずしも十分な支えにならないかもしれないが、遺族は他の理由で家族外の人を共有相手として選んだ可能性がある。夫に先立たれた女性らを対象にした香港での臨床経験から、彼女らは家族、特に年老いた親や幼い子どもに余計な負担をかけたくないと思っている——そのようにして彼女らは、死別にうまく適応できているふりをしているのだが——ことがわかった。彼女らは共有したいと感じると、死別体験の影響を直接受けない人のところへ行くのである。それで、親友、友人、専門家がよく選ばれたのである。このことは、香港の中国人における悲嘆の相互依存（S. M. Y. Ho, & Tsui, 2002）や、中国人の関係的自己（様々な人と関わりながら生活している中で、他者と一緒にいるときの自己）(3)（D. Y. F. Ho, 1995）の概念と一致する。

死別ケアに対する示唆

〈家族内のサポートから、地域サービスへ〉

愛する人を亡くすという辛い経験に直面すると、ある人にとってはインフォーマルな家族内のサポートがセーフティー・ネットとなりうる。しかし、家族外の人に共有したいと思う人もいる。これは、地域密着型の死別サポートセンター設立の重要性を裏付けるものである。

〈感情表出の普遍的必要性から最適な共有へ〉

感情表出は、この何十年もの間、グリーフワークにおいて重要な要素であると認識され続けてきた。しかし、中国では、よく使われるおくやみの言葉にあるように、感情を抑えることがよいとされてきた。ボナンノの研究チーム（Bonanno, Wortman, & Nesse, 2004）は、死別体験の社会的共有の有益な効果を認める議論に対して、最適な解決策としての感情表出の促進と抑制とが共存する可能性を示した。この考えは一見矛盾しているようだが、相対性と相互依存性を表した中国の陰陽モデルによくあてはまる。陰と陽は対極にありながら、共存し構成し合っている。この共存の概念は、本研究から得られた知見に対する可能な説明である。しかし、既に示してきたように、社会的共有が遺族に対して心理学的なメリットやデメリットをもたらすメカニズムを検証し活用していくためには、より厳密な方法を用いなければならない。

〈死別直後よりも最適なタイミングへ〉

死別初日に死別体験を共有したのは、協力者の四〇％にすぎなかった。ということは、協力者の多くが、初日には共有しないという選択をしている。おそらく彼らは、茫然としており、死別体験を理解するのに時間を要するため、自分の内側でそれを処理したかったのであろう。死別ケアを行う者は、遺族が死別初日にサポートを拒むのは必ずしも彼らの真のニーズの現れではないことを知っておくべきである。以前に断ったことのある人からのサポートを受けることに気後れを感じる遺族もいた。こ

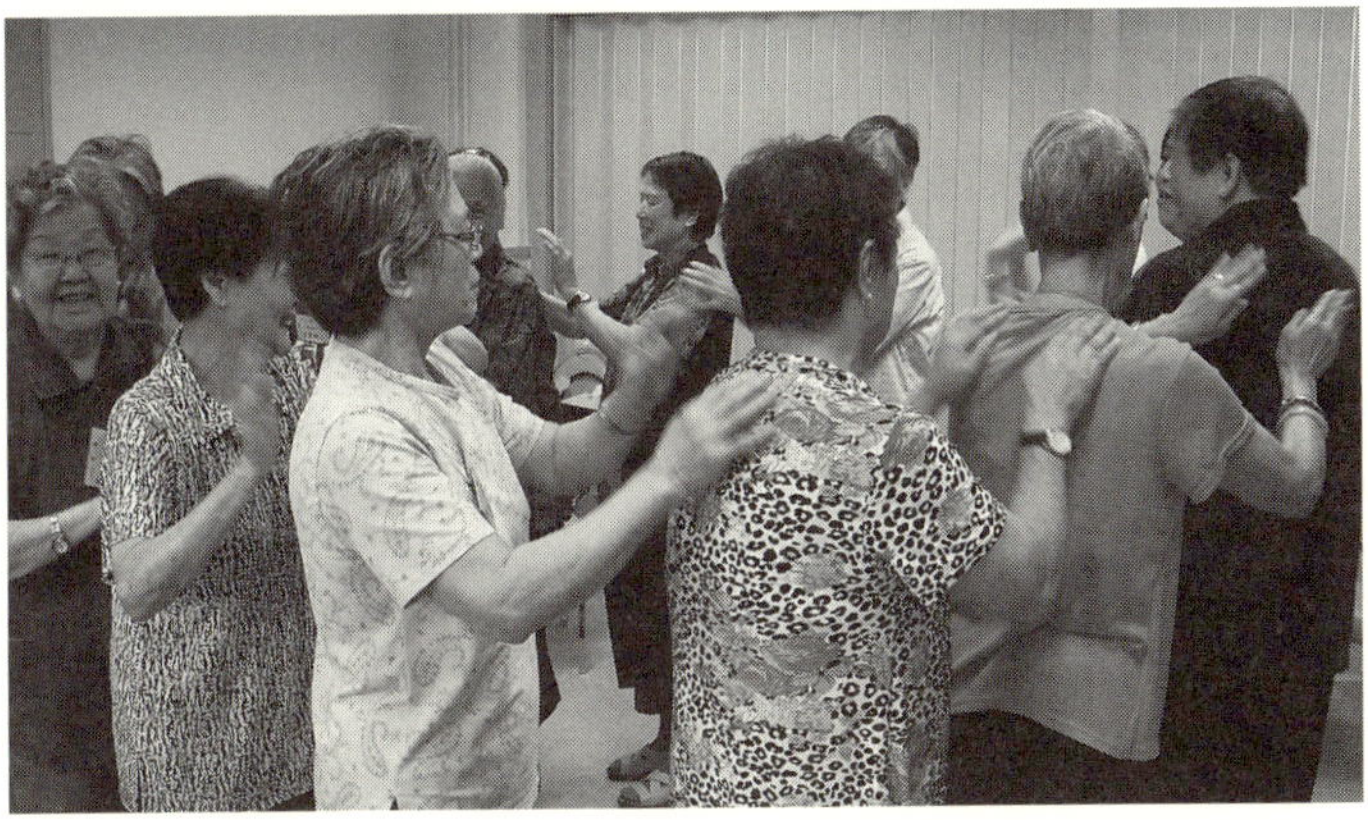

グリーフワークの一場面

のように、介入には最適なタイミングを探る必要がある。

〈受動的な傾聴から相互コミュニケーションへ〉

死別体験の社会的共有の中で最も印象的だったものへの相手の反応から、遺族に対し何ができるかという洞察が示された。その場から逃げたり、距離を置いたり、故人の話題を避けたりすることは、悪い、あるいは可もなく不可もない社会的共有として述べられていた。したがって、遺族が一人で悲嘆し、そこに干渉しないことは、サポートという行為ではないと思われる。体験を共有しなかった遺族に対するこのような三種類の反応が生む影響について、確実なことは言えない。というのも、差を検証するには今回の調査では協力者の人数が少なすぎるからだ。とはいえ、一般の遺族に対するその影響は、確実にネガティブなものである。このような「べからず」という注意喚起だけでなく、本研究では多くの「べし」も提示している。傾聴を行うこと、配慮と関心を示すこと、関連する情報を提供すること、自分の意見を述べることは、良い社会的共有とみなされている。

結論

言語や思想が異なることから、中国の死別体験の概念はこれまで、ベールに包まれてきた。本研究が、中国人における死別体験の社会的共有の一面を垣間見せる、このベールをはがす最初の試みである。本研究の協力者は、香港という東洋と西洋が交じり合う場所から募ったため、双方の文化的伝統を併せ持っているかもしれない。中国人遺族をより理解するには、中国本土、台湾、その他西洋の国々においてさらなる調査を行わなければならない。本研究は、中国人遺族の死別体験を探った最初の研究として、今後の調査の必要をも示してきた。たとえば、時間の経過による変化をとらえる調査により幅広いデータ収集が可能になるだろうし、多様性に富むサンプルを得られるであろう。

本研究では中国人の社会的共有に対する長年にわたる認識について、調査を行い、明らかにしてきた。重要な知見の一つは、家族外からの死別ケアは家族内におけるケアと同じぐらい大切だということである。同時に、傾聴を行うこと、配慮と関心を示すこと、関連する情報を提供することは、ただ「泣くのはおやめなさい、流れに身をまかせるのよ」と言葉をかけるよりも、遺族のケアをしたいと思う人には意味のある選択であることが示されたのである。

注

（1）福永光司『荘子外篇（新訂中国古典選第八巻）』朝日新聞社、一九六六年、四四三―四四四頁を参照。

（2）八田宏之、東あかね、八城博子、小笹晃太郎、林恭平、清田啓介、井口秀人、池田順子、藤田きみゑ、渡辺能行、川井啓市「Hospital Anxiety and Depression Scale 日本語版の信頼性と妥当性の検討：女性を対象とした成績」『心身医学』三八（五）、三〇九―三一五、一九九八年（訳者註）

（3）佐久間（保崎）路子「多面的自己：関係性に着目して」『お茶の水女子大学人文学科紀要』五三、四三五―四五一、二〇〇〇年および佐久間路子、無藤隆「大学生における関係的自己の可変性と自尊感情との関連」『教育心理学研究』五一、三三一四二、二〇〇三年による。

参考文献

Bonanno, G. A. & Kaltman, S. (1999). Toward an integrative perspective on bereavement. *Psychological Bulletin,* 125, 760-776.

Bonanno, G. A., Wortman, C. B., & Nesse, R. M. (2004). Prospective patterns of resilience and maladjustment during widowhood. *Psychology and Aging,* 19, 260-271.

Bond, M. H. & Hwang, K. K. (1986). The social psychology of Chinese people. In M. H. Bond (Ed.), *The Psychology of the Chinese People* (pp. 213-266). Hong Kong: Oxford University Press.

Chan, C. L. W. (2000). Death awareness and palliative care. In R. Fielding & C. L. W. Chan (Eds.), *Psychosocial Oncology & Palliative Care in Hong Kong: The First Decade* (pp. 213-232). Hong Kong: Hong Kong University Press.

Chan, C. L. W. (2001). *An Eastern Body-mind-spirit Approach: A Training Manual with One-second Techniques.* Hong Kong: Department of Social Work and Social Administration, University of Hong Kong.

Chan, F. M. Y. (2004). Society for the promotion of hospice care in Hong Kong. *The Forum,* 30(3), 5.

Chow, A. Y. M. & Chan, C. L. W. (2006). Bereavement care in Hong Kong: Past, present, and future. In C. L. W. Chan & A. Y. M., Chow (Eds.), *Death, Dying and Bereavement: The Hong Kong Chinese Experience* (pp. 253-260). Hong Kong: Hong Kong University Press.

Chow, A. Y. M., Chan, C. L. W., & Ho, S. M. Y. (2003, November 19-21). An update on bereavement research in Hong Kong. Paper presented at the 10th Hong Kong International Cancer Congress, Hong Kong SAR,

China.

Chow, A. Y. M., Koo, B. W. S., Koo, E. W. K., & Lam, A. Y. Y. (2000). Turning grief into good separation: Bereavement services in Hong Kong. In R. Fielding & C. L. W. Chan (Eds.), *Psychosocial Oncology & Palliative Care in Hong Kong: The First Decade* (pp. 233-254). Hong Kong: Hong Kong University Press.

Cohen, S. & Wills, T. A. (1985). Stress, social support, and the buffering hypothesis. *Psychological Bulletin,* 98, 310-357.

Dimond, M., Lund, D. A., & Caserta, M. S. (1987). The role of social support in the first two years of bereavement in an elderly sample. *Gerontologist,* 27, 599-604.

Ho, D. Y. F. (1995). Selfhood and Identity in Confucianism, Taoism, Buddhism, and Hinduism: Contrasts with the West. *Journal for the Theory of Social Behaviour,* 25, 115-134.

Ho, S. M. Y. & Tsui, Y. K. Y. (2002). Interdependence in death and grief among Hong Kong Chinese. *Newsletter of the Hong Kong Society of Palliative Medicine,* 2002(1), 1-4.

Leung, C. M., Wing, Y. K., Kwong, P. K., Lo, A., & Shum, K. (1999). Validation of the Chinese-Cantonese version of the Hospital Anxiety and Depression Scale and comparison with the Hamilton Rating Scale of Depression. *Acta Psychiatrica Scandinavica,* 100, 456-461.

Lin, H. H. (1984). Post-divorce adjustment and post-divorce counseling: A study of counseling effectiveness with divorced women in Taiwan. Unpublished doctoral dissertation, University of Toronto, Canada.

Stroebe, M., Stroebe, W., Schut, H., Zech, E., & van den Bout, J. (2002). Does disclosure of emotions facilitate recovery from bereavement? Evidence from two prospective studies. *Journal of Consulting Clinical Psychology,* 70(1), 169-178.

Zigmond, A. S. & Snaith, R. P. (1983). The hospital anxiety and depression scale. *Acta Psychiatrica Scandinavica,* 67, 361–370.

第5章 観想的な終末期医療を学ぶ研修プログラム
——死とともに生きること——

ジョーン・ハリファックス
Joan Halifax
（奥野 元子 訳）

現代医学の使命は、人が死にゆく場面においては、もはや適切ではないのかもしれない

欧米のヘルスケア専門家の報告によると、死にゆく人に対する心理社会面・スピリチュアル面のケア技術は不十分であり、深刻な道徳的苦悩や悲嘆、バーンアウト（燃えつき症候群）が生じているとのことである。これらの問題に対処するために、「観想的な終末期医療を学ぶ研修プログラム（Being With Dying: BWD）——死とともに生きること——」が考案された。BWDは、観想（冷静に見つめること）を通して注意集中力と理解力を高めることを前提にしている。それは、理性と感情の安定を深め、医療者にとっては、他者へも自身へも思いやりのある対応を可能にする。

このBWD研修に参加した人を対象にインタビューを行った。そのインタビューから、BWD研修

の効果を明らかにする四つの大きなテーマが浮かび上がってきた。それは、「存在の力（存在感）、バランスのとれた思いやりの育成、悲嘆の受容、セルフケアの重要性」である。これは、インタビューに加えて行ったアンケート調査のデータによって裏付けられた。そして、インタビューの回答者は、BWD研修で行われる観想と内省の実践を、実用的で意義深いものとして評価していた。また、死にゆく人や遺族への接し方をより良くするために必要な技術や取組姿勢、ふるまい方、手段をBWDが教えてくれたとも話していた。

存在の質（その場でどのように関わるか）は、死にゆく人へのケアや医療者自身へのケアの質を変える可能性がある。自分自身と他者の内にあるこの存在の質を高めることによって、医療者は死にゆく人へのケアの際に、知識や手続を重視する職務としての関わり方に代わる別の方法を探すようになる。このように、BWDは数少ない機会を与えている。それは、死にゆく人とその家族、そして医療者にとって、思いやり深いケアとなるように、理性と感情の安定を養うための行動とその方法を身につける機会になっている。

緩和ケアと終末期ケアの真価は、生命の危機に瀕している人とその家族への積極的な関わりを中心にした思いやり深いケアにある。これまでにも、ヘルスケア専門職に対しては、死にゆく人へのケアとして、知識と技術を身につけるためのさまざまな教授法を用いたカリキュラムが開発されてきた。それにもかかわらず専門家は、死にゆく人々の心理社会面、スピリチュアル面をケアする技量不足と、深刻な道徳的苦悩や悲嘆、バーンアウトによるケアへの難しさを報告している。このような状況から、

表5－1　BWD プログラムの主な内容

- 死にゆくことと死への統合的なアプローチ
- 死にゆく人へのケアにおける倫理面・心理社会面・スピリチュアル面
- 死にゆく人とその家族、さらに医療職のケアのための観想の応用
- 死にゆく人とその関係者のケアを中心にしたコミュニティの構築
- 死に関する異文化間の問題
- 痛みや苦しみ、死をめぐる現象の探究
- 医療職に対するケア
- 従来型の医療と心理社会的・スピリチュアル的な内容との一体化

緩和ケア専門職は、他者への思いやり深いケアと医療者としての役割を果たすために自らの支えとなるような、専門的な技術と知識の習得以上のものを必要としていることがわかる。そして、これらの問題に応えるために、「観想的な終末期医療を学ぶ専門職研修プログラム——死とともに生きること——」が考案された。

ＢＷＤは、死に関する倫理面・心理社会面・スピリチュアル面での知識、技術、実践を身に付けたいというヘルスケア専門職の要望に応じたものである。**表5－1**に挙げるのは、プログラムの主な内容である。観想を通して養われる注意集中力と相手を理解しようとする配慮が、このプログラムの基礎になっている。そして、医療者が理性と感情の安定を身につければ、他者にも自分自身にも思いやりのある対応をとれるようになることが前提になっている。

ＢＷＤプログラムは、一九九六年から継続して実施されており、参加者にとっては、同じような立場の人から、また観想実践者・医療者・教育専門家を含めた多職種協働のチームを統括する立場の人から、知恵と洞察力を学ぶ機会になっている。八日間の宿泊プログラムでは、個人の精神生活の重要性と専門職としての責任の重大性を強く認識するために、

多くの学習法（講義形式の授業、自主学習、質疑、そして創造力を高める手法）を取り入れている。このプログラムでは、観想実践が宗教とは無関係であることが重要である。

九五名（参加者の中で、Ｅメールアドレスを確認できた内の四四％に相当）が匿名調査の全項目に回答した。また、六一名が電話でのインタビューを快く引き受けた。この六一名の中から、職場環境や地理的条件が重ならないように、死にゆく人をケアする主な四つの領域（医師・看護師・社会福祉士・牧師）を代表するように、四〇名が選ばれた。

インタビューから明らかになった四つのテーマとは、存在の力、バランスのとれた思いやりの育成、悲嘆の受容、セルフケアの重要性である。以下では、まず初めに、インタビュー調査のテーマと一致したアンケート調査結果について述べる。次に、ＢＷＤ研修の参加者が、これらのテーマを実践するために個人的または専門的に行った学習法と活用法について述べる。最後に、ＢＷＤ研修後に参加者にどのような影響を与えているのかについて述べる。

存在の力（そばに居ることの意味）

存在（そばに居ること）とは、相手との関わりを相手に伝えるための良質の気配りと信頼感を持ちつつ、その場に専念して居る力だと言える。インタビューから得られた重要なテーマは、次のようなものであった。すなわち、「医療者としての義務を果たし、処置し」、治そうと努力する現代医学の使命

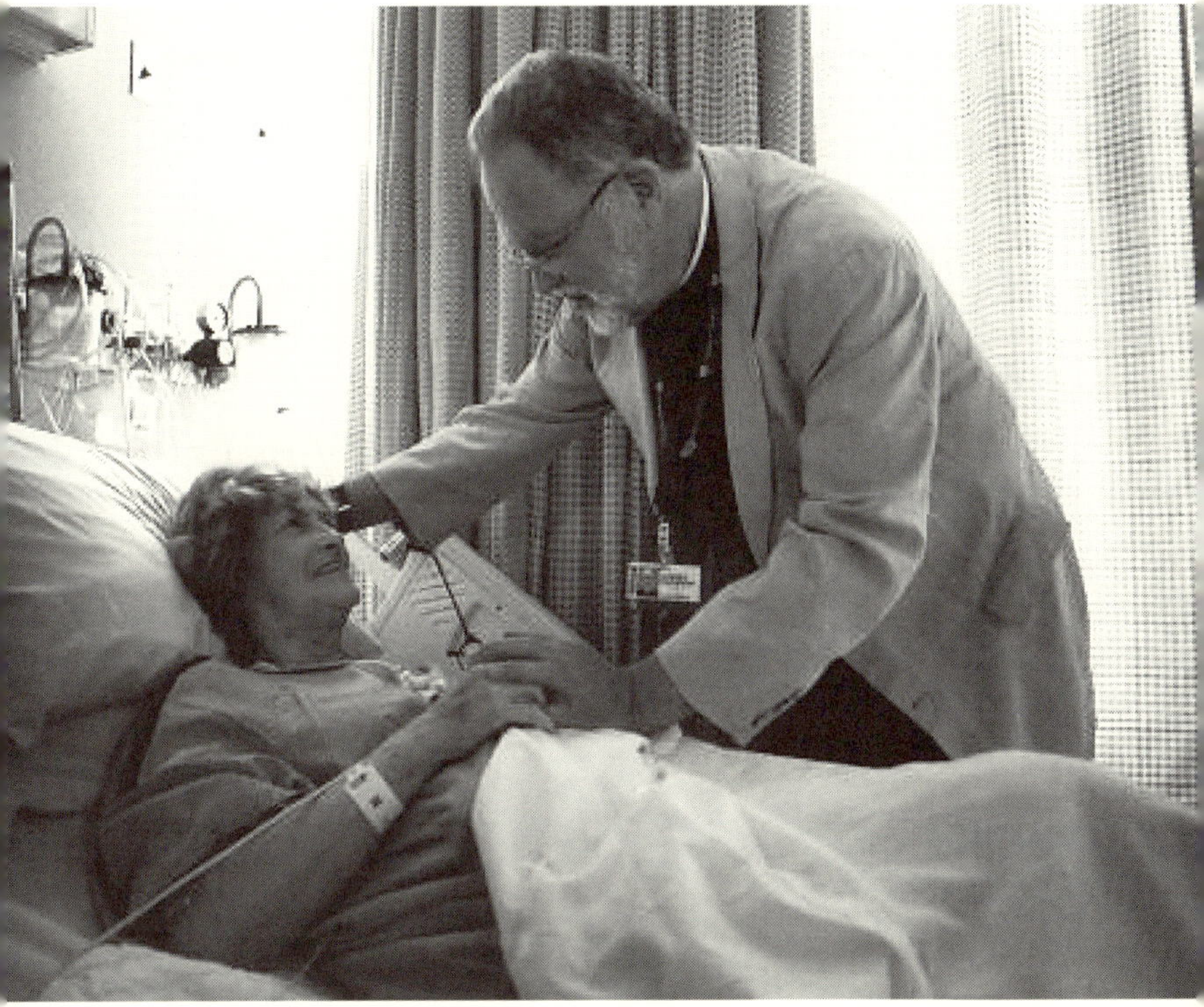

病床を訪問するチャプレン

は、人が死にゆく場面においては、もはや適切ではないのかもしれない。それゆえに、苦しんでいる人とどのように関わるか、といった関わり方の質とのバランスが求められているように思える。インタビューの回答者たちは、ＢＷＤ研修は、死にゆく患者と家族のそばに居て苦しみに立ち会うこと、それ自体が癒しになり、大抵そうすることで「十分である」ことに気づかせてくれたと話していた。九〇％の回答者が、「ＢＷＤ研修に参加する前に比べて、担当の患者のそばで、専念して過ごす力を養うのに役立った」という項目に「そう思う」あるいは「強くそう思う」と答えていたことからも、このテーマが強い支持を得ていたことがわかった。ＢＷＤプログラムが専門職にもたらした影響を評価する他の三八項目のどれよりも、多くの回答者がこの項目に同意していた。

さらに回答者は、傾聴（七六％）や、集中力（七七％）、変化への対処能力（六五％）といった存在の質が、ＢＷＤ研修への参加によって高められたとも報告していた。また、ＢＷＤ研修に参加する前に比べ傾聴能力が高まったと言い（五九％）、約四分の三の参加者はこのプログラムによって患者とその家族に対する傾聴能力が向上した（七八％）、多職種協働という環境で働く仲間に対しての傾聴能力が向上した（七三％）という項目に、「そう思う」あるいは「強くそう思う」と回答していた。

バランスのとれた思いやりの育成

ＢＷＤプログラムの核心は、感情や状況に打ちのめされることなく、思いやりを持ち続けるという内面の安定性にある。つまり、あらゆる苦しみと向き合える能力、その苦しみを経験を通して学ぶ能力、結果に執着せずにその苦しみを変えていこうと努力する能力にある。インタビューの回答者の多くは、次のように述べていた。「患者とその家族に対する態度や接し方が、仕事に重要な影響を与えるとして、ＢＷＤ研修でその手本が示されていた。その中には、『知ったかぶりをしないこと（質問や発見を快く受け入れること）』、思いやりのある『優しくおだやかな外面』と安定性やしなやかさのある『強くしっかりとした内面』とのバランスをとる能力を発揮すること、『価値判断しない』という態度を持ち続けること、『物事をありのままに受け入れること』といった概念も含まれていた」。

また、「ＢＷＤ研修は、自分自身に、あるいは他者に、より大きな思いやりのある心で接するのに役立ったか」という項目に対して、八三％の人が自分自身に、八一％の人が他者に対して、「そう思う」あるいは「強くそう思う」と答えていたことからも、このテーマが強い支持を得ていたことがわかった。さらに、回答者の八八％が、他者の苦しみや痛みに直面した時、これまでよりも心のバランスを保てるようになったと報告していた。彼らは、八〇％が死にゆく人に、七〇％が患者と家族に、そして七二％が同僚と関わる中で、心のバランスがとれ、より気遣いができるようになったと報告していた。

悲嘆の受容

悲嘆、すなわち喪失が原因で起きる激しい感情とスピリチュアルな苦悩は、人間が生きる上で避けられないことではあるが、ヘルスケア専門職の仕事には特有のものでもある。インタビュー回答者の三分の二が、自分自身や他人の悲嘆を受け容れ対処することにBWDがいかに役立ったかについて話した。死にゆく人を毎日ケアする際に、自身と同僚が体験する恐ろしく大きな、そして大抵は答えの見出せない悲しみと喪失感について話した人もいた。二七％は、BWD研修が自分自身の悲嘆を表現し対処するのに役立ったと述べていた。「BWDのおかげで、自分自身の悲しみに気づき、その悲しみをより深く知ることができるようになった」という項目に、「そう思う」あるいは「強くそう思う」と答えた回答者は七九％であり、彼らはまた、悲嘆を認めて対処することにBWDが役立ったと評価していた。

セルフケアの重要性

セルフケアとは、自己の再構築（新しい自分になりたい）というかけがえのない要求に応えるための一人ひとりの気づきとその気づきへの対応であり、自身を健康で満足のいく状態にするための積極的な方法である。多くのインタビュー回答者は、セルフケアに関心を持つことがＢＷＤ研修の要素だと考えていた。回答者の半数近く（四七・五％）はセルフケアの学習が研修の中で最も重要であると述べ、もっと時間をかけてほしいと希望した人もいた。

さらに、インタビューの回答者は、セルフケアのために行っているいくつかの方法について語った（たとえば、一日の内で休憩時間をとる、自分自身や他人をいたわり寛大な心で接する、仕事の手を休める時間をとる、マッサージをする、音楽を聞く、運動する、日記をつけるなど）。三分の二以上（六七・五％）の回答者が、研修を受けてから、セルフケアの質を高めたり、量を増やしたりしたという。

アンケート調査の回答者も、セルフケアの重要性について報告していた。「ＢＷＤ研修参加前に比べ、自分自身の限界を認識し、自分を思いやることができるようになった」という項目に、八七％が「そう思う」あるいは「強くそう思う」と答えた。三分の二の回答者が、「以前よりセルフケアに取り組むようになった」という項目に「そう思う」あるいは「強くそう思う」と答え、五七％は「新たなセルフケアの実践を取り入れた」と報告していた。また、回答者の半数が、「バーンアウトしたと感じる瞬間が、研修後に減った」という項目に「そう思う」あるいは「強くそう思う」と答え、七二％がケアにあたる際に自身の回復力を以前よりも感じていると報告していた。ＢＷＤ研修の前に比べ、八八％の回答者が死にゆく人のそばで働くことを励みに感じるようになり、八〇％が自分の仕事に新たな意味を見出したと報告していた。

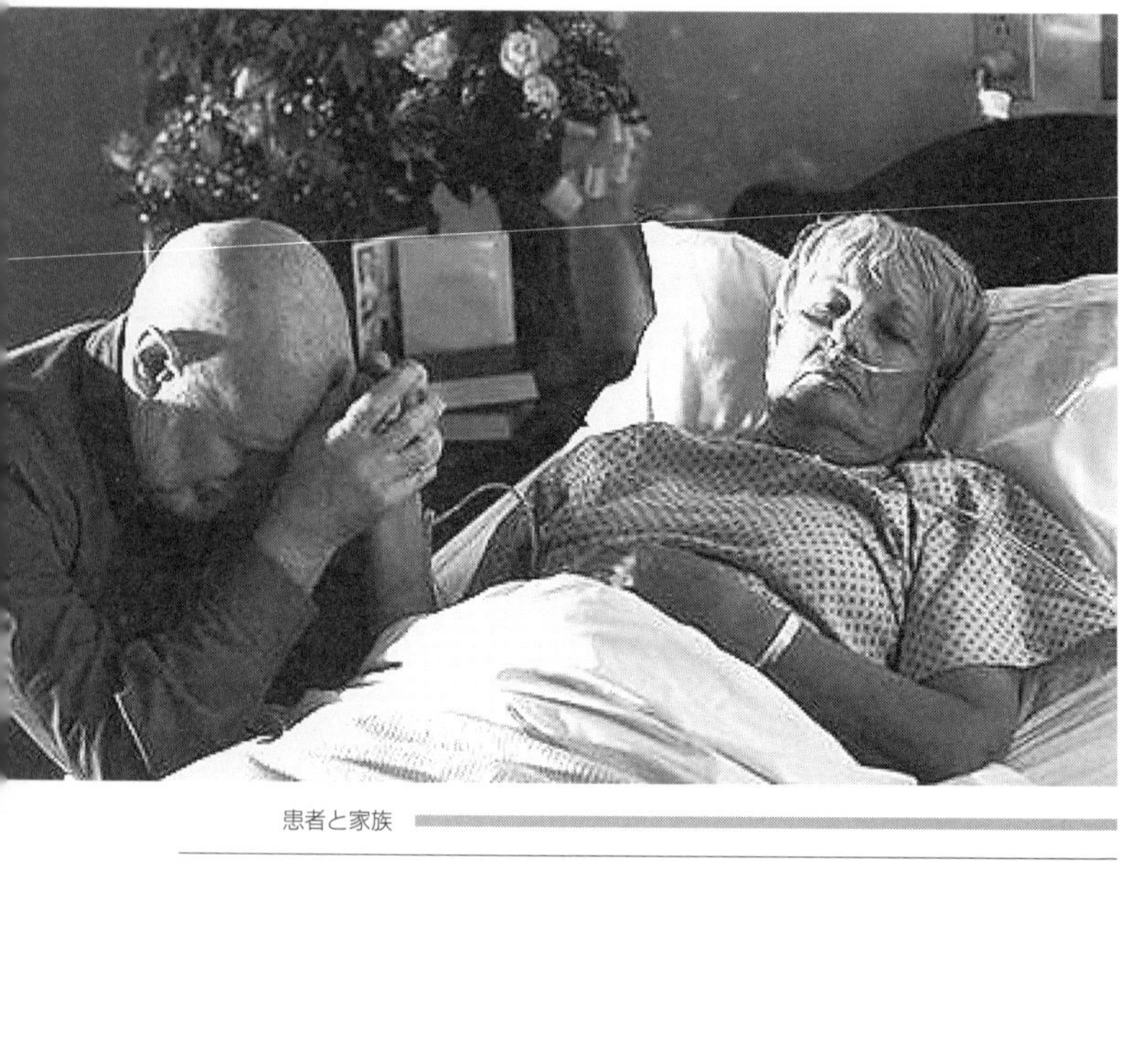

患者と家族

存在の力、思いやり、悲嘆の受容、セルフケアを育む方法

インタビュー回答者は全員、セルフケアの重要性を認め、それを継続して行うことが難しいとわかっていても、観想と内省の練習が、ＢＷＤ体験の中で最も実用的で意義深く価値のあるものだと答えていた。「ＢＷＤ研修に参加して、どれぐらい観想やセルフケアを取り入れるようになったか」という質問に対して、三五％の回答者が、セルフケアの一つとして、マインドフルネス瞑想法（注意集中力を高める瞑想トレーニング）を取り入れることが増えたと答えていた。また七二％が、五段階評価の四か五（一点を「まったく行わない」、五点を「とてもよく行う」とした調査）であると答えた。

影響を与え続けている内容

総合すると、インタビュー回答者は、技術・取組姿勢・ふるまい方・手段を学ぶことによって、「ＢＷＤが種をまいてくれた（手掛かりを与えてくれた）」と述べていた。つまり、それは、死と死に向かう過程をどう理解するか（七〇％）、死にゆく人や遺族とどのように関わるか（九〇％）、一個人として自身がどのようにふるまうか（七二％）、同僚とともにどのように行動するか（六二％）ということへのこれまでの理解を変えることであった。

インタビュー回答者の多くが、ＢＷＤ研修は「心を開く」体験（三〇％）、もしくは「肯定的に認める」体験（五〇％）だと答えていた。三分の一以上（三八％）が、ＢＷＤ研修は人生観を変えるほどの力があり（ある医師は「一大転機」となる体験と表現した）、実際に人生を変えたと話していた。これらの変化は、患者や家族をケアする方法や、専門職としてのキャリア形成、さらに私的生活にも影響を与えた。彼らは、経験した変化の大きさにかかわらず、研修から学んだことが影響を与え続け、それは私的生活にも専門職としての公的生活にも長年にわたって反響し続けると評価していた。

考察

ＢＷＤは、医療者が患者に対し、思いやりに満ちた終末期医療を提供することを前提としている。それを実現するには、次の三点が必須である。第一に、自分というものを意識し、自分自身の苦悩を認めて受け入れること。第二に、自らの苦悩に向き合い、取り組む覚悟をすること。そして第三に、自身の生活や他者との関係性の中で肉体的・感情的・心理社会的・スピリチュアル的（精神的・霊的）な特質が養われ、それらを通して理解力や思いやり、しなやかさを身につけていくということである。

マインドフルネス瞑想法の根幹は、人の生死という現実に、より深く関わるための理性と感情を安定させることにある。思いやりとは、我々が苦しみに気づき、苦しみから離れられないことを実感し、それを変えたいと思い、行動する時に湧き起こる力である。思いやりは、苦しみとの適切な関わり方を教えてくれる。つまり、苦しみを変えていくために、苦しみを受け入れるのである。自然な思いやりは、根本的に、結果について思い煩うことなどないのである。

アンケート調査とインタビュー調査の双方の結果から明らかになったことは、相手との交流の際に存在の質を取り入れることによって、医療者自身のケアを変えるだけでなく、死にゆく人へのケアをも変える可能性を持つということである。医療者自身と他者の内にある存在の質を高めることによって、医療者は死にゆく人のケアの際に、知識や手続を重視する職務としての関わり方とは別の方法を探すようになる。調査結果から、医療者が患者と家族に良い影響を与える存在としてそばに居ることが、死にゆく人に対するケアの一要素であることが明らかになった。しかし、患者と家族、医療者同士に対して思いやり深いケアを行うために必要な、理性と感情を安定させる実践と方法に取り組む機会は少ない。医療者は臨床現場において、このきわめて重要な側面への理解が十分だとは言えない。知識に基づいた取組だけでは、自身の気づきや他者とのあり方を変えるには不十分である。観想的な実践を体験し応用することが、死にゆく人のケアを変えるきっかけになる。

さらにこれらのデータは、医療者が自分自身に思いやり深いケアができなければ、他者にも思いやりのこもったケアはできないという前提を裏付けている。他者をケアしなければならない者として、他者へのケアを十分に行うために、医療者自身の要求は二の次になり、満たされないことがある。医療者自身の要求が際限ない時や、体制が不十分もしくは機能していない状況の時は、なおさらそうである。医療者自身がその要求をあきらめ、セルフケアを怠ることから生じる個人的な損失については、往々にして気づかれていない。このアンケート調査とインタビュー調査双方のデータから、ヘルスケア専門職には、自分自身にも他人にも思いやり深いケアが必要なのだということがわかった。自身への思いやりが欠けると、道徳的苦悩・バーンアウト・二次的なトラウマ・共感疲労(1)を引き起こす原因になる。それは同時に、死にゆく人へのケアで起きてくる疑問を解決する方法や、処置を決断し結果を引き受ける責任に影響を与え、感情的な反応を抑えてしまうことにつながる。これらのデータは、精神面での幸福（自身への思いやりと自身の存在意義）が、職務満足度に良い影響をもたらし、結果的に離職率の低下につながるということをも裏付けている。

死にゆく人々のケアをする医療者自身も、悲嘆を経験する。普段、それは認識されることも対処されることもないが。BWD研修では、悲嘆は、指導付きの瞑想、箱庭療法のような体験学習、さまざまな次元の悲嘆についての小グループでの話し合い、仲間同士の交流を通して扱われる。これらの方法は、悲嘆の最中にいる医療者を支援するための方法として、緩和ケアやホスピスプログラムに取り入れられている。

死にゆく人々のケアに携わる医療者にとって、自身をケアし、自己を再構築する技術を持つことが必要である。内省と観想を通して本物の力を身につけようとする方法に加えて、これらの技術は、個人や専門職を支える体制作りの良い機会をもたらしている。BWD研修で提供されている技術は、医療者が自他の感情に打ちのめされることなく、苦しみや死と共存できるような内面の安定性としなやかさを養うために役立つ。セルフケアに対する個人的な価値観と、セルフケアと自己の再構築により十分に診療できる環境との一致が、医療者の充実感を高め、結果的に患者へのより良いケアとなる。

医療者が本物の力を身につけ存在の質を高めるためには、ヘルスケア専門職としてキャリアを積んでいく最高のモチベーションをもたらすような、人間として専門家としての彼らに影響を及ぼすような、信頼される環境作りが必要である。さらに、医療者が自分自身の苦しみと、患者や家族の苦しみを深く考えることができるような、安心して学べる環境作りも必要である。これらの実現には、多職種協働・発見学習・支援促進の模範となるような、既存のものに代わるより良い学習方法が求められている。本研究のデータは、精神を安定させ、穏やかな感情とバランスのとれた注意力を養うために観想を行うこと――ＢＷＤの主要素である――が、死にゆく人との深い関わりを求められている医療者の支援に有効であることを示唆している。また、これらのデータは、観想的な終末期医療を学ぶ専門職研修プログラムの構成と内容が、個人としても専門家としても医療者にとって有用であることをも示している。この有用性は、講義形式の方法に偏ったプログラムを繰り返し実施している緩和ケアの教育者や指導者に対する示唆を含んでいる。本研究の知見は、経験に基づいた人間関係を重視する教授法と、自身への気づきに細心の注意を払うことを重視してきた他の取組とも一致している。

結　論

本研究は、多職種にわたるヘルスケア専門職に対し、観想的・体験的・創造的実践と、終末期医療の提供とを併せた独自の研修が及ぼす影響について調査したものである。研究結果からは、新しい学習モデルが、個人としてまた専門家としての医療者にとって、自他をケアする上で有効であることが明らかになった。思いやりに満ちた終末期医療を確実に継続していけるような方法を決定するためには、医療者（および患者と家族）に対して、この種の研修がもたらす長期的な効果についてのさらなる研究が望まれる。

注

（1）心に傷を負った人々と長期間にわたり関わることにより、援助者や専門家が経験するストレス関連症状のこと（APA心理学大辞典、繁桝算男・四本裕子監訳、培風館、二〇一三年、一九三頁）。本章においては、医療関係者などが経験する、苦痛や逆境に見舞われた患者と家族への共感や悲嘆による心身の疲労をさす。

おわりに

愛する者は死なない。我々の心にも、他界にも生きている。我々が覚えている限り、愛する者のことを我々の人生の中で活かすことができる。と同時に、肉眼で見ることのできない非物質的な次元で、愛する者の意識や魂が存続すると考えることもできる。そのことを理解している民族も多い。とりわけ日本人は、理解していただけでなく、それを証明する往生伝を記録し、それを活かした慣習や儀式を重要視してきた。ならば、今さらなぜ「愛する者は死なない」と唱える必要があろうか。一つには、あまりにも死の普遍性と自身に対する絶対性が忘れられ過ぎているからである。

「ベッカーさんは、なぜいつも死を考えるのか」と聞かれることがある。人類が最も尊敬する、仏陀、ソクラテス、イエス・キリスト、ムハンマド、空海、親鸞などの偉人は、真剣に死の問題をテーマにしていた。彼ら偉人の事を思い出させてくれるお寺や墓地、教会や寺院等が目に入るたびに、彼らの他界を思い起こさざるをえない。こんにち、病気や老衰、事故、犯罪、自殺などで人が死なない日もなければ、戦争が起こっていない日もない。図書館に入ると死者の功績である書籍に囲まれるし、町を歩くと、死者が作ってくれた道や壁、建物などが目に入る。スーパーやレストランに入ったり、自分で食事を作ったりすると、死にたくなかった動物を手や箸で摘む。テレビやインターネットでニュースを見るたびに、死は目に付く。「なぜいつも死を考えるのか」と聞かれても、「死を考えずに、どうしていられるのか」と答えたくなる。

教育というのは、起こるかも知れない事への準備だと言えよう。将来的に作文や計算、外国との交流などの必要があろう、という前提で、その準備として義務教育で国語や算数、英語などを学ぶ。ただ、起こる確率がもっとも高いことは死であるに違いない。ならば、死に対する準備として、死の準備教育や、死の受容教育があっても当然と言えよう。数十年前まで、どの家庭においても礼儀作法を教えていたのと同様、年長者の死を家庭で看取って死を学んできた。だが、現在、礼儀作法を教えない家庭が増えすぎて、やむをえず学校が礼儀作法を教えなければならなくなったのと同様、今は、死の看取りや受容を家庭で教わらない人が増えすぎて、その死の準備教育や死の受容教育を、せめて義務教育で補わないと、いのちの価値が分からなかったり、死の受容が出来なかったり、その結果として自殺や殺人が起こっても当然と言わざるを得ないであろう。

同時に、死期が迫った場合の選択肢が増えている。数十年前まで、高齢者が死に近い段階になっても、胃瘻や呼吸器、ペースメーカー、臓器移植などを提供する技術も選択肢もなかった。今では、すべての末期患者に対して、それらさまざまな選択肢を提供できるようになった。「徒らに延命させられたくない」と、多くの日本人はアンケートでは答えるのに、事前指示書でそれを表明する日本人は皆無に等しく、必要に感じていない医療を、存在もしない国費で受けることができてしまう。日本ほど、医療技術が進んでいるのに、国民が自分の終末期医療に関して希望を表明していない国はない。その選択肢に関する情報やそれに基づく議論を義務教育に含める必要があるのではないか。

しかし、前もって死を考えることは縁起でもない、怖い、という人も多くいる。死にゆく人自身は死に対する心の準備ができていても、その家族は死の受容ができずに、無駄でも延命を希望するケースが多い。病院死が増え家で看取れなくなるにつれ、死が分からなくなり、それ故に死を恐れる、死を怖いと思うようになった。死が怖いというのは、〈死〉が分からないということの証明である。すでに在宅介護などで家族を看取った経験のある人たちは、次に親や親戚の病気・老衰での死、あるいは震災などの突然死であっても二回目の看取りを比較的受容できるのに対して、看取りが未経験であると、こころの整理がなかなかできない。これを証明する研究は欧米でも日本でも行われている。つまり、家族の介護や看取りを経験することは、人間にとってきわめて重要な人生教育であり、またそれを理解してこそ、自分の希望する生き方と逝き方を考えられるのである。幸い、日本でも死生観教育は増えつつある。上智大学や東洋英和大学をはじめ、高野山大学や龍谷大学、東京大学や東北大学まで、少しずつではあるが、死をテーマにする講座が始まっている。しかしそれだけでは、義務教育を終えた人口の八割もの人々には間に合わない。

他方、自死も大きな社会問題である。「人は死なない」とか、「あの世がある」と考えるなら、この世がイヤになったからといって、自死してあの世に逃げた方が良いということにはならないのではないであろうか。端的に答えると、人生の有限性を本当に意識すれば、その稀少価値が見えてくるからである。確かに、自殺者の何割かは精神・神経系の患者なのである。しかし、心肺停止・脳が意識不明、という状態ではなく、元気で生き続けられる能力を持っているはずなのに、毎日、八〇人ほどの日本人は自死によって命を落とし、その数倍が自殺未遂に終わる。毎年、何兆円単位もの医療費を一部の高齢者の延命治療にかけるくらいだったら、今後数十年も生きることができる自殺未遂者を救うために、その一部でも自殺予防教育や自殺防止のための研究にかけたほうが賢明なのではないであろうか。

世間が悪いせいもあるかもしれない。当然、人生は嬉しくも楽しくもない時も多々ある。しかし、社会が「幸福」や「楽しみ」にウエートを置きすぎると、「人生は楽しいはずなのに、自分は楽しくない」と思い、その落差で自死に至る人が増える。裕福さという基準ではなく、金銭ではない心のよりどころ、自然や人との絆で感じられる生きがいなどを、より広く感じてもらえるような教育が必要なのかもしれない。人生にとっては、希望や夢、目的意識ややりがい感、つまりこころが、どんな物質よりも大事であろう。立派な洋服を着飾って、三つ星レストランで一人で食べることほど淋しいことはない。それより、屋台で心をおきなく話せる仲間とラーメンでも食った方がよほど美味しい。その違いは、何をするかよりは、どのこころでするか、という側面が大事であることを物語っている。日本文化は、こころを大事にして来たのに、戦後、こころの教育を二の次に回し、希望や夢、目的意識ややりがい感に目を背け、数値で測定できるものにウエートを置いてきた。そして貿易を発展させるためか、「幸福＝物の消費」という宗教も布教された。こころを無視する物質主義の教育を長い間受け、さらには「人間＝細胞」という教育を受けると、「人間は細胞でのみできている」と信じても仕方がない。だが、客観的に見れば、意識は脳には限らない、そして一時死んだ人でも、蘇った時に、身体以外の意識について報告する人も多くいる。一度自殺して蘇った自死未遂者の話を参考にすれば、「何もかも消したかった、消えたかったのに、まだ続きがあった！」という声が多い。臨死体験の大多数は明るくて天国的な光景が多いのに対し、自殺未遂者の臨死体験は暗い、と言われる報告も目立つ。

いずれにしても、自死は人生の諸問題に対する解決策とは思えない。遺された友人や遺族を悲しませるばかりか、不可視な次元で生き続ける本人の魂も、この階で解決しなかった問題を抱えたまま上の階にいくだけで、必ずしもその問題を卒業するとは限らない。死は自ら求めなくとも必ずやってくるものである。現時点で疲れ切った時は、休めばよい。意味が感じられない時は、智慧を求めれば良い。生きる理由が一人で見えなくなった場合、周囲の人との交流を通じて、その理由を探し出せるはずである。このかけがえのない身体で生まれ、ここまで生きて来られたのも、家族のみならず、多くの方々のお蔭以外にない。その社会に対する恩返しを含め、やるべきことを可能な限りやりこなしてから逝った方が、周囲のみならず、本来の自分も納得するのであろう。死は終わりではなくとも、今回の人生は二度と来ないので、人生の意味、目的、生きがいなどを探究し、実践する方が、何よりも大事なのではなかろうか。

死は、言わば小学校から中学校へとあがる際の卒業の様なものである、と喩えてもおかしくない。

成績はともあれ、それぞれの試練たる授業に、それぞれ学ぶ価値ある智慧が潜む。愛する者は死なない、ということは、愛する者を大事にしよう、という呼びかけである。と同時に、より大きくとらえるならば、こころの価値、魂の世界まで視野に入れることで、物質や資本貯蓄以上に大事な人生の価値が見えてくるはずであろう。拙著はここで終わっても、卒業式たる死くらいでは、愛する魂と愛される魂は終わりはしない。

＊　＊　＊　＊

本書の刊行は、国内外の多くの方々のご協力とご支援による賜物である。講演者の研究報告の翻訳を許可くださったTaylor & Francis社、*Death Studies* 誌に改めて感謝を申し上げる。京都大学でこれだけの招へい研究者の講演を可能にしたのは、京都大学こころの未来研究センター、及びこころの未来研究センターをご支援下さる公益財団法人上廣倫理財団のご協力であり、心より御礼を申し上げたい。各講演の事務・運営について、こころの未来研究センターリエゾンオフィスの中治美紀氏に大変お世話になった。講演資料の日本語訳なども大変な労力であったが、ベッカー研究室の多くの院生が活躍してくれた。特に駒田安紀は、全ての段階にわたり、積極的に企画段階から完成まで、数えられない時間と助言、激励と辛抱で頑張ってくれたことを記しておきたい。なお、各筆者・翻訳者の原稿をまとめ、一冊の本に編纂するため、労力と智慧を注いで下さった晃洋書房の井上芳郎氏と吉永恵利加氏に、深く御礼を申し上げる次第である。貢献したみなさまのご努力が、少しでも多くの読者のためになることを祈り、お礼を申し上げる次第である。

二〇一五年三月

カール・ベッカー

澤 井　努

京都大学大学院人間・環境学研究科共生人間学専攻博士後期課程研究指導認定退学.

京都大学 iPS 細胞研究所 上廣倫理研究部門 特定研究員

専攻：宗教学，近世日本思想史，生命倫理学

主要業績

“The Moral Value of Induced Pluripotent Stem Cells: A Japanese Bioethics Perspective on Human Embryo Research.” *Journal of Medical Ethics* 40, 2014: 766-769, doi: 10.1136/medethics-2013-101838.

「石田梅岩の死生観――開悟体験と儒者としての自覚をめぐって――」『宗教研究』378, 2013, 53-75.

奥 野 元 子

京都大学大学院人間・環境学研究科共生人間学専攻博士後期課程在学中.

専攻：健康心理学，ストレスマネジメント，人体科学

主要業績

「ストレス関連疾患に対する瞑想の有効性についてのレヴュー」『人体科学』22(1), 2013, 19-31.

赤 塚 京 子

京都大学大学院人間・環境学研究科共生人間学専攻博士後期課程在学中.

日本学術振興会 特別研究員（DC2）

専攻：生命倫理学

ジョーン・ハリファックス（Joan Halifax）
ウパヤ禅センター創設者，大修道院長，主任指導者，
「死とともに生きる」プロジェクト指導者，ウパヤ刑務所プロジェクト創設者

主要著書

Changing the Way We Die: Compassionate End of Life Care and The Hospice Movement, Berkeley: Viva Editions, 2013.

Being with Dying: Cultivating Compassion and Fearlessness in the Presence of Death, Boston: Shambhala, 2009.

駒 田 安 紀
京都大学大学院人間・環境学研究科共生人間学専攻博士後期課程研究指導認定退学.
大阪府立大学地域保健学域教育福祉学類研究員，非常勤講師
専攻：医療社会学，社会福祉学

主要業績

「新人看護師のバーンアウトとソーシャルサポート」（共著）『看護管理』24(4), 2014, 2-7.

千 石 真 理
心身めざめ内観センター主宰
神戸常磐大学看護学科・大阪学院国際センター非常勤講師

主要業績

「開講記念シンポジウム——現代社会と臨床仏教——」（共著）全国青少年教化協議会・臨床仏教研究所編『「臨床仏教」入門』白馬社，2013年.

One Dies as One Lives: The Importance of Developing Pastoral Care Services and Religious Education in Buddhist Care for the Dying and Bereaved, Edited by Jonathan S. Watts and Yoshiharu Tomatsu, Boston: Wisdom Publications, 2012.

「内観療法」『仏教心理学キーワード事典』井上ウィマラ・葛西賢太・加藤博已編，春秋社，2012年.

《執筆・訳者紹介》

カール・ベッカー（Carl Becker）
京都大学こころの未来研究センター教授
京都大学大学院人間・環境学研究科社会行動論教授
Mortality 誌，*Journal of Near-Death Studies* 誌，*Personalized Medicine Universe* 誌編集委員

主要著書

『愛する者の死とどう向き合うか』（編著）晃洋書房，2009年.
『生と死のケアを考える』（編著）法藏館，2000年.
『死の体験』法藏館，1992年.

デニス・クラス（Dennis Klass）
ウェブスター大学名誉教授

主要著書

Dead But Not Lost: Grief Narratives in Religious Traditions, Walnut Creek: Altamira Press, 2005.
Continuing Bonds: New Understandings of Grief, Washington, D. C.: Taylor & Francis, 1996.

セシリア・チャン（Cecilia L. W. Chan）
香港大学社会科学部ソーシャルワーク・ソーシャルアドミニストレーション学科教授
生と死の教育学会創設者

主要著書

Life Education and Suicide Prevention, Beijing: Tsinghua University Press, 2013.
Death, Dying and Bereavement: The Hong Kong Chinese Experience, Hong Kong University Press, 2006.

エイミー・チョウ（Amy Y. M. Chow）
香港大学社会科学部ソーシャルワーク・ソーシャルアドミニストレーション学科准教授
生と死の教育学会委員長

主要著書

When Trauma Meets Bereavement: The Recollection of Practice Wisdom, Hong Kong Council of Social Service, 2008.
Death, Dying, and Bereavement: The Hong Kong Chinese Experience, Hong Kong University Press, 2006.

愛する者は死なない

——東洋の知恵に学ぶ癒し——

2015年3月30日　初版第1刷発行

＊定価はカバーに表示してあります

編著者の了解により検印省略

編著者　カール・ベッカー©
監訳者　駒　田　安　紀
発行者　川　東　義　武
印刷者　江　戸　孝　典

発行所　株式会社　晃　洋　書　房
〒615-0026　京都市右京区西院北矢掛町7番地
電話　075(312)0788番(代)
振替口座　01040-6-32280

ISBN978-4-7710-2535-6

印刷　㈱エーシーティー
製本　藤　原　製　本㈱